NO ME LLAMES GUERRERA

ExLibric

TAMARA COSANO CANTOS

NO ME LLAMES GUERRERA

EXLIBRIC

ANTEQUERA 2024

NO ME LLAMES GUERRERA
© Tamara Cosano Cantos
Diseño de portada: Tamara Cosano Cantos

Iª edición

© ExLibric, 2024.

Editado por: ExLibric
c/ Cueva de Viera, 2, Local 3
Centro Negocios CADI
29200 Antequera (Málaga)
Teléfono: 952 70 60 04
Fax: 952 84 55 03
Correo electrónico: exlibric@exlibric.com
Internet: www.exlibric.com

ISBN: 979-13-87528-36-2
Depósito Legal: MA 2938-2024

Impresión: PODiPrint
Impreso en Andalucía – España

Nota de la editorial: ExLibric pertenece a Innovación y Cualificación S. L.

TAMARA COSANO CANTOS

NO ME LLAMES GUERRERA

El cáncer es parte de mi historia, pero no la ha definido. Esta es la historia de cómo encuentro mi fuerza en medio del miedo y cómo elijo vivir más allá del diagnóstico.

Prólogo

Cuando escuché por primera vez la palabra «cáncer», sentí que mi vida se rompía en mil pedazos. En ese momento, creí que todo lo que era, todo lo que había construido y soñado, quedaría reducido a esa enfermedad. Sin embargo, con el tiempo, me di cuenta de que el cáncer era solo una parte de mi historia, no toda mi vida.

Este libro es mi forma de compartir esa travesía, una historia de supervivencia, no de lucha, porque no soy una guerrera, soy una mujer que eligió seguir adelante, a pesar del miedo, el dolor y la incertidumbre.

Decidí escribir este libro no solo para compartir mi experiencia, sino también para acompañar a todas las mujeres que están pasando por algo similar. El cáncer cambia muchas cosas, pero no define quién eres. Con cada capítulo, quiero mostrar cómo aprendí a vivir con el miedo, cómo volví a encontrar la belleza en las pequeñas cosas y cómo descubrí que la vida, aunque difícil, sigue siendo un regalo.

Este no es un relato de guerra. No luché contra el cáncer; aprendí a sobrevivir con él y a seguir adelante. Aquí encontrarás mis miedos más profundos, mis pequeñas victorias y la esperanza que, a pesar de todo, siempre fue más fuerte que el miedo.

Espero que, al leer estas páginas, te sientas acompañada y descubras que, aunque el camino es duro, siempre hay una manera de seguir adelante.

Gracias por permitirme compartir mi historia contigo.

Dedicatoria

A mis tres ángeles, cuya presencia siento en cada paso de mi camino. Este libro es para ellos, porque son parte de mi fuerza y su luz me guía desde el cielo.

A todas las mujeres que han pasado, pasan y pasarán por un cáncer de mama; que nunca olviden su fortaleza y que siempre encuentren esperanza en medio de la adversidad. Este libro es también para vosotras, porque no estamos solas en este camino.

Carta a mi querida yo

Querida yo:

No sabes lo que te espera. Te veo despreocupada, pensando que la vida sigue su curso como siempre. Pero, pronto, recibirás una noticia que te cambiará para siempre y, aunque, ahora parece imposible de imaginar, saldrás más fuerte al otro lado…

El cáncer es como una tormenta repentina, oscura e implacable. Pero, en medio de la tormenta, aprenderás a encontrar pequeños rayos de sol, esos momentos fugaces de esperanza que te impulsarán a seguir.

Si pudiera viajar al pasado, me sentaría contigo y te tomaría de las manos. Te diría que, aunque ahora mismo no lo puedas entender, vas a pasar por el dolor más enorme que jamás has sentido, pero, también que vas a encontrar en ti una fuerza que desconoces. Porque, aunque ahora mismo el miedo te paralice, tú eres mucho más fuerte de lo que imaginas.

Hoy te miras al espejo y ves más cicatrices. Ves la historia de una mujer que enfrentó el miedo, el dolor y el cansancio más profundo. Pero no siempre fue así. Hubo un tiempo en que esas cicatrices solo te recordaban lo que habías perdido, el miedo de lo que podría haber sido. ¿Te acuerdas de ese día? El día en que cambió todo.

Introducción: una conversación entre dos versiones de mí

Yo del presente: Este libro es un diálogo entre la mujer que soy hoy y la mujer que era cuando todo comenzó. El cáncer de mama llegó a mi vida sin avisar, como llega siempre: en silencio, con un pequeño bultito que lo cambió todo. Pero lo que no sabía entonces, lo que mi yo del pasado no podía imaginar, es que esa enfermedad me iba a llevar por un camino de descubrimiento, miedo, fuerza y transformación.

Yo del pasado: Cuando me palpé ese bultito, no quería pensar en la palabra «cáncer». Mi mente se resistía a aceptar esa posibilidad, aunque una parte de mí ya lo sabía. Quería ser fuerte, pero la verdad es que estaba aterrada. ¿Cómo iba a enfrentarme a algo tan grande?

Yo del presente: No te diste cuenta en ese momento, pero ya eras fuerte. No porque no tuvieras miedo, sino porque, a pesar de ese miedo, seguiste adelante. Decidiste enfrentar lo desconocido, dar los pasos que eran necesarios y hacerlo un día a la vez. No eras una guerrera, como muchos te llamaron, pero sí fuiste una superviviente.

Yo del pasado: Superviviente. Nunca pensé que esa palabra fuera a definirme, pero aquí estoy, enfrentando la mayor batalla de mi vida. Nunca elegí este camino, pero he aprendido más de lo que jamás imaginé.

Yo del presente: Es eso lo que quiero compartir en este libro: lo que aprendiste y lo que sigo aprendiendo hoy. La enfermedad no solo afecta a tu cuerpo, también cambia la manera en que ves el mundo, a las personas, a ti misma. Este diálogo entre mi yo del pasado y mi yo del presente es mi formar de reflexionar sobre el camino que recorrí, sobre los miedos que enfrenté y las esperanzas que encontré en los lugares más inesperados.

Yo del pasado: Si hubiera sabido entonces lo que sé ahora, tal vez habría vivido algunos momentos de otra manera. Tal vez habría entendido que, aunque el miedo siempre estaba presente, también lo estaba la esperanza. Cada día de lucha fue un recordatorio de que había razones para seguir adelante, aunque a veces parecieran ocultas.

Yo del presente: Este libro es para ti, que has pasado o estás pasando por algo similar. Quiero que sepas que no estás sola, que el miedo es inevitable, pero también lo es la fuerza que llevas dentro, aunque no lo veas de inmediato. No somos guerreras, somos supervivientes. No luchamos por elección, pero sobrevivimos porque amamos la vida y porque la vida siempre tiene algo que ofrecer, incluso en los momentos más oscuros.

1

El primer golpe:
cuando todo cambia con un bultito

En este capítulo narro el momento en que me encontré el bultito. Un descubrimiento que, aunque pequeño, cambió mi vida por completo. Aquí empieza mi historia, llena de incertidumbre, miedo y búsqueda de respuestas.

Yo del pasado: Estaba en el sofá, acabábamos de venir de la playa, me duché y senté en el sofá a ver una película. Todo parecía normal, hasta que mis manos se fueron a la mama derecha, sin saber porqué y mis dedos se tropezaron con algo que no debía estar allí. Lo toqué una y otra vez, era pequeño, pero duro, inmóvil. No podía imaginarlo. Intenté convencerme de que no era nada grave, pero en el fondo, sabía que algo no iba bien.

Yo del presente: Lo recuerdo, este bultito lo cambió todo. Y, aunque tratabas de mantener la calma dentro de ti, ya sabías que esto no era algo que pudieras ignorar. Sabías, por todo lo que habías aprendido trabajando en la unidad de mama, que esto podría ser mucho más que una simple inflamación o un quiste benigno.

Yo del pasado: Sí, exactamente. Durante años vi a muchas mujeres pasar por esto. Les explicaba que no se precipitaran, que esperaran los resultados antes de preocuparse, pero ahora que era yo la que estaba en esa situación, me sentía como cualquier otra mujer enfrentando ese miedo. No era capaz de aplicarme mis propias palabras.

Yo del presente: Es curioso como la perspectiva cambia cuando nos toca a nosotros, ¿verdad? Todo el conocimiento que tenías, toda la experiencia profesional, parecía no tener el mismo efecto cuando eras tú quien lo vivía. Este bultito, aunque pequeño, te llevó a una incertidumbre inmensa.

Yo del pasado: Fue como si, de repente, todo en mi vida empezara a girar en torno a esa pequeña protuberancia. No podía dejar de pensar en ello, no importaba lo que hiciera. Sabía que algo estaba mal, que ese bultito no era algo pasajero y, aunque intentaba no preocuparme, no podía evitar preguntarme: ¿Qué va a pasar ahora?

Yo del presente: Ese momento fue el primero de muchos en los que tu vida cambiaría de rumbo. Lo que no sabías en ese instante era que no solo ibas a enfrentar el miedo y el dolor, sino que también ibas a descubrir una fortaleza en ti misma que no sabías que existía. Ese bultito no solo marcaba el comienzo de una lucha física, sino también de una emocional.

Yo del pasado: Es cierto. Todo lo que pensaba era en lo que vendría después: las pruebas, los resultados… No podía dejar de imaginar todos los escenarios posibles, y cada uno de ellos era peor que en anterior. Me repetía a mí misma que debía esperar, que no podía sacar conclusiones antes de tiempo, pero la espera era insoportable.

Yo del presente: Y lo que no sabías en ese momento era que esa espera, aunque difícil, iba a prepararte para todo lo que vendría después. Te enseñaría a ser paciente, a tomar cada día como venía, sin adelantarte a lo peor. Pero eso solo lo sabrías más tarde. En ese momento, todo era incertidumbre.

Yo: ¿Y si no lo consigo? ¿Qué pasará si no sobrevivo a esto?

Mente: No puedes pensar en eso, no ahora. Solo sigue adelante. No hay otra opción.

Yo: Pero ¿y si...? ¿Y si todo esto no sirve? ¿Qué será de los que amo, de David, de mis padres, mis hermanos? ¿Cómo seguirán sin mí?

Mente: Están contigo ahora y eso es lo único que importa. Paso a paso, día a día. Si piensas demasiado en el futuro, te perderás el presente.

Yo: Pero... este miedo... es tan fuerte.

Mente: Es natural. No puedes ignorarlo, pero tampoco puedes dejar que te controle. El miedo está aquí para recordarte lo que puedes perder, pero también lo que puedes ganar si sigues luchando.

2

La incertidumbre crece: biopsia y búsquedas desesperadas

Después del primer susto de encontrar el bultito, la incertidumbre no tardó en instalarse como presencia constante. Las pruebas médicas se sucedían y cada día parecía llevarme más lejos de la certeza y más cerca del miedo. La biopsia se convirtió en el punto clave, el momento en el que la espera de los resultados era insoportable. Y, como tantas veces pasa, caí en la trampa de buscar respuestas en internet, tratando de encontrar algo que me diera tranquilidad, aunque, al final, solo alimentaba más mi angustia.

Yo del pasado: Al día siguiente de palparme el bultito, no podía dejar de pensar en lo que había sentido, sabía que no era algo normal pero, aunque intenté calmarme, mi mente no dejaba de dar vueltas. Este mismo día llamé a mis amigas Lola y Cristina (radióloga), necesitaba saber qué estaba ocurriendo, y sabía que no podía esperar más.

Yo del presente: Cristina fue clave en ese momento, ¿verdad? Tener a alguien cercano que te entendiera, tanto a nivel personal como profesional, te dio esa sensación de consuelo en medio del miedo, pero también sabías que, si ella confirmaba algo, sería aún más real. Querías respuestas, pero al mismo tiempo temías lo que podías escuchar.

Yo del pasado: Sí, Cristina me atendió al día siguiente, me dijo que fuera media hora antes de mi turno y me haría una ecografía para asegurarse de lo que estábamos enfrentando. Cuando me hizo la prueba, vi en sus ojos algo que no necesitaba palabras, sabía que no pintaba bien. Intentó ser delicada, pero el silencio lo decía todo.

Yo del presente: Ese momento fue crucial, hasta entonces, podías aferrarte a la idea de que, tal vez, solo era una preocupación sin fundamento, pero cuando viste sus ojos y notaste su silencio, fue como si todo se cayera. La posibilidad de que fuera algo más grave se volvió más real.

Yo del pasado: Después de la ecografía, le dijo a Lola que preparara todo para hacer una biopsia de inmediato. Mi Lola... Mi corazón se aceleró, sabía que no hacían una biopsia si no había razones serias para sospechar. Me quedé tumbada en la camilla, tratando de mantener la calma, pero por dentro ya estaba devastada. Recuerdo que soplaba y me ponía la mano en la frente en señal de: ¡madre mía! Ella hizo lo posible por ser rápida y precisa, es lo que tiene ser tan buena profesional, pero no había forma de evitar el miedo que sentía en ese momento.

Yo del presente: Es increíble cómo, en esos momentos, cada pequeño detalle parece aumentar el miedo. El ambiente de la sala, el sonido de los instrumentos, la preocupación de alguien cercano, todo se acumulaba. Pero, aunque fue un golpe duro, al menos estaba haciendo algo para obtener respuestas.

Yo del pasado: Cristina me dijo que ahora solo quedaba esperar los resultados. Esa palabra, «espera», fue como una sentencia. Sabía que la espera iba a ser la parte más difícil. Después de la biopsia, cada minuto se sintió como una eternidad, sabía que mi vida podría cambiar por completo dependiendo de lo que esos resultados dijeran.

Yo del presente: A partir de ese día, la espera se volvió una constante en tu vida. Y aunque ese fue el comienzo, también fue el momento en que empezaste a darte cuenta de tu fortaleza interior. No sabías lo que vendría, pero aprendiste que podías lidiar con la incertidumbre.

Yo del pasado: Una y otra vez me decía que no debía sacar conclusiones antes de tiempo, que debía esperar, pero entonces, cada vez que me encontraba a solas, me metía en internet, buscando información. Buscaba respuestas, quería entender lo que estaba pasando (como si no lo supiese ya…). Pero lo único que conseguía era asustarme más. Leía historias de otras mujeres y, en lugar de consolarme, me llenaba de más miedo.

Yo del presente: Esas búsquedas en internet no te ayudaban, ¿verdad? En lugar de darte respuestas, lo que hacían era alimentar tus peores temores. Querías sentir que tenías el control, pero lo único que lograbas era profundizar más en esa incertidumbre. Lo que realmente necesitabas era respuestas, pero solo podías esperar.

¿Te acuerdas de cómo cada búsqueda terminaba siendo peor que la anterior? Cuántas veces caíste en el mismo error y lo único que encontrabas era más razones para tener miedo. Lo sé porque también lo viví, pero en aquel momento no podías parar. Sentías que necesitabas respuestas, aunque sabías que ninguna búsqueda te traería paz.

Yo del pasado: Sí, estaba desesperada por tener alguna pista, algún indicio de lo que podría estar ocurriendo en mi cuerpo, pero la verdad es que no había nada que pudiera hacer para acelerar el proceso. Fue como una espiral, cuanto más leía, más aterrada me sentía. Entraba en páginas de foros, artículos médicos, y cuanto más leía, más me convencía de que las cosas iban a ir a mal. No había manera de calmarme. Me sentía atrapada en la incertidumbre.

Yo de presente: Y lo que no sabías entonces es que ninguna cantidad de búsquedas en internet podría darte la certeza que querías. Lo único que hacías era crear escenarios catastróficos en tu cabeza en lugar de esperar por los resultados reales. La espera era ya de por sí insoportable y buscar en internet solo lo empeoraba, ya que no te ofrecía ninguna respuesta, solo más preguntas.

Yo del pasado: Ahora sé que no sirve de nada buscar en internet, lo único que hacía era alimentar mi ansiedad, pero en ese momento no sabía cómo parar. Si pudiese volver atrás, me diría a mí misma: «Espera, no te precipites, los resultados llegarán y solo entonces sabrás qué es lo que tienes que enfrentar».

Yo del presente: Exacto, la única respuesta que necesitabas era la real, la de los médicos. No podías controlarlo entonces y, a veces, esa impotencia era lo más difícil de sobrellevar. Aprendiste que no hay manera de acelerar las respuestas, que no hay atajos para la paz mental, solo puedes esperar y confiar en que los médicos te dirán lo que tienes que saber cuando llegue el momento.

Yo del pasado: Ojalá hubiera entendido eso entonces, me habría ahorrado noches de insomnio y miedo, pero lo único que puedo hacer ahora es recordarlo, y decirle a cualquiera que pase por esto: no busques en internet. No te hagas daño, confía en los médicos, confía en el proceso, y trata de mantener la calma, por difícil que sea.

3

El día que cambió todo: la noticia que no quería recibir

Este capítulo habla de cómo, en un día que debía estar centrada en mi nuevo cargo, recibí la noticia definitiva de que tenía cáncer de mama. Aquí también narro cómo se lo comuniqué a mi marido y mis hermanos y cómo todo ese día quedó marcado por el dolor y el shock.

Yo del pasado: Recuerdo aquel día como uno de los más difíciles de todo el proceso. Estaba esperando la llamada con los resultados más importantes de mi vida, los que me dirían si tenía cáncer o no, y justo ese día, comenzaba en un nuevo puesto dentro de mi trabajo, pero con más responsabilidad. Mi cabeza estaba en mil lugares a la vez, llena de miedo, pero intentando mantener la calma.

Yo del presente: Sí, ese fue un momento muy duro, pero no solo por lo resultado que esperabas, sino por lo que pasó en el trabajo. La compañera que tenía que enseñarte, sabiendo lo que estabas atravesando, te regañó por no estar concentrada. Fue como una puñalada en medio de toda la angustia. Esa falta de empatía, ese juicio tan superficial, fue un golpe inesperado cuando ya estabas cargando con tanto.

Yo del pasado: Exactamente, sabía que no estaba rindiendo como debería ese día, pero mi mente no podía estar en el trabajo. ¿Cómo iba a estarlo? Y ella, en lugar de entenderlo, me hizo sentir aún peor. Sentí un dolor enorme de saber que, en un momento en que más necesitaba comprensión, no la encontré.

Yo del presente: Pero el día no terminó ahí, ¿verdad? Después del turno, mientras ibas en bicicleta hacia casa, recibiste esa llamada. Sabías que no sería una buena noticia, lo sentías. Te detuviste, escuchaste la voz de la responsable que te llamó, y de alguna manera ya lo sabías.

Yo del pasado: Sí, estaba volviendo a casa cuando sonó el teléfono. Y en ese momento mientras pedaleaba, algo dentro de mí, ya lo sabía. El tono de voz de la persona que me llamó solo confirmó lo que mi cuerpo ya presentía. Me di media vuelta, aturdida, como si el mundo a mi alrededor dejara de tener sentido por un momento.

Yo del presente: Recuerdo como decidiste regresar al trabajo, te diste media vuelta y fue allí, en el trabajo, donde Cristina, tu amiga y radióloga de mama, te dio la noticia, te dio la confirmación que temías.

Yo del pasado: Sí, me di media vuelta y volví al trabajo, sabía que Cristina estaba allí y, aunque una parte de mí temía que ella me diera la confirmación que no quería escuchar, sabía que necesitaba estar cerca de alguien que entendiera lo que estaba sucediendo. Cuando llegué, ella ya lo sabía, pude verlo en su cara antes de que hablara. No hubo necesidad de muchas palabras; ella, siendo amiga y profesional a la vez, me lo confirmó con una tristeza que no pudo ocultar.

Yo del presente: A pesar de lo devastador que fue ese momento, también fue un alivio estar con alguien que te entendía y sostenía. Cristina siendo médico y amiga, sabía cómo darte la noticia sin rodeos, pero también con el cariño que necesitabas. Ese momento fue el comienzo de una nueva etapa para ti: aceptar el diagnóstico y prepararte para lo que venía.

Cristina fue clave en esos momentos, no solo por la noticia que te dio ese día, sino porque estuvo a tu lado en el proceso, guiándote y apoyándote en cada paso. Ese fue el contraste más fuerte: pasar de la frialdad y la incomprensión de tu compañera en el trabajo a la calidez y el apoyo de alguien que sabía cómo acompañarte en ese momento tan doloroso.

Yo del pasado: Después de la noticia, me quedé paralizada, no lloré, apenas pude decir nada, estaba en shock. Era como si mi mente estuviera desconectada de todo. Caminé hacia el ascensor, sin poder pensar en otra cosa más que en cómo iba a decirles a los míos lo que acababa de pasar.

Yo del presente: Lo recuerdo, bajaste en el ascensor completamente en shock, sin poder procesar del todo lo que acababas de escuchar. Era uno de esos momentos en los que el mundo sigue su curso mientras tú te sientes completamente fuera de lugar.

Yo del pasado: Me sentía en un estado de confusión total. Me dirigí hacia la bicicleta, como si fuera lo único que sabía hacer. Tenía que ir a casa, pero antes de poder moverme, cogí el teléfono, sabía que lo primero que tenía que hacer era llamar a mi marido, necesitaba decírselo, aunque no sabía cómo. Sentí como el nudo en mi garganta crecía mientras marcaba su número.

Yo del presente: ¿Recuerdas cómo temblaba tu mano mientras sostenías el teléfono? Cuando él respondió, el sonido de su voz fue lo único que te conectó con la realidad en ese momento. Ni tuviste que decir mucho. El silencio al otro lado del teléfono fue más elocuente que cualquier otra cosa. Él se quedó más en shock que tú.

Yo del pasado: Después de hablar con él, sentí que no había forma fácil de decirlo, ni siquiera a quienes amaba. Pero sabía que lo siguiente era llamar a mi hermano Toni. Él siempre ha sido como un pilar para mí. Su reacción, su preocupación, me rompió el corazón, pero al mismo tiempo me sentí acompañada en mi dolor.

Yo del presente: Sí, Toni te dijo que estaba ahí, sin importar lo que viniese. Y después llamaste a tu hermano Cristian, sabías que también debías decírselo a él. Los tres estáis muy unidos. Cada llamada era una nueva herida, pero también era una manera de compartir el peso que ya sentías sobre tus hombros.

Yo del pasado: Llamé a Cristian, con la misma sensación de no saber cómo decirlo. Él me escuchó, y aunque las palabras no eran muchas, entendió lo que estaba pasando. Se derrumbó, lo noté, se hizo el fuerte mientras hablaba conmigo, pero sabía que estaba completamente roto.

Cada llamada fue desprenderme de un trozo de la noticia, como si al compartirla con ellos, el dolor se volviera menos insoportable. Pero al mismo tiempo, sabía que, al decirlo en voz alta, mi realidad ya no podía cambiar.

Yo del presente: Con las tres llamadas, sentiste el apoyo que necesitabas. Fue entonces cuando te diste cuenta de que, aunque el cáncer era una batalla solitaria, no estabas sola para enfrentarla.

Yo del pasado: Exactamente. Después de las llamadas, me quedé un momento junto a la bicicleta, respirando profundamente, tratando de asimilarlo todo. Sabía que el camino que se abría frente a mí no sería fácil, pero en ese momento lo único que podía hacer era volver a casa, con mi marido, y enfrentar lo que venía. El miedo era enorme, pero también sabía que no estaba sola.

Yo del presente: Y esa fue la primera lección de muchas: no importa lo que venga, lo enfrentarás con la gente que te ama a tu lado. En ese momento de shock, el apoyo de tu marido y tus hermanos fue lo que te sostuvo. Y aunque todavía había mucho por delante, ya sabías que no tendrías que recorrer ese camino sola.

4

Romper el silencio: cuando el dolor se comparte con mis padres

Uno de los momentos más difíciles de este proceso fue tener que darles la noticia a mis padres. Ellos ya habían vivido mucho dolor conmigo, ya me habían visto sufrir por otras pérdidas, y ahora tenía que decirles que su hija tenía cáncer de mama. Sentía que les estaba agregando una carga más, una que no quería que llevaran.

Es un momento en el que no solo sientes el dolor de la enfermedad, sino también el peso de saber que las personas que te quieren van a sufrir contigo. Esta es la historia de cómo rompí el silencio y les conté a mis padres la verdad, aunque no tenía las palabras adecuadas para hacerlo.

Yo el pasado: Después de colgar el teléfono con mi marido y mis hermanos, todavía quedaba una llamada más, sabía que sería una de las más difíciles, porque al decírselo a mis padres, iba a romperles el corazón. Ya habían pasado por tanto… Ya habían vivido conmigo pérdidas difíciles. Ahora, tenía que decirles que yo estaba enferma. No quería causarles más dolor, pero sabía que no podía ocultarles la verdad.

Yo del presente: Sí, fue una llamada dura, querer proteger a los padres, evitar que sufran, es lo primero que piensas en momentos así, pero al mismo tiempo, sabías que no podías quedarte con esa carga, ellos necesitaban saberlo, porque también eran parte de ti. Eran parte de la lucha que venía.

Yo del pasado: Los llamé, traté de sonar tranquila, pero mi voz me traicionó. Les dije que tenía un bultito que necesitaban quitármelo. No fui capaz de decir mucho más. No sé si fue la mejor manera, pero fue lo único que pude decir en ese momento. No podía pronunciar la palabra «cáncer», era demasiado duro para ellos, y para mí también.

Yo del presente: A veces las palabras no son suficientes. Les dijiste lo que pudiste y, aunque no fuiste del todo explícita, ellos lo entendieron. No querías cargarles con ese miedo, pero sabías que no había otra forma. Al escuchar tu voz, ellos ya sabían que algo más grave estaba sucediendo, incluso sin que lo dijeras todo.

Yo del pasado: Les costó procesarlo, podía escucharlo en sus voces. Era el miedo de unos padres que no quieren ni imaginar que su hija está en peligro. Sentí que les estaba quitando algo, como si al contarles, les estuviera arrebatando esa tranquilidad que les quedaba. Pero no tenía opción. La noticia ya estaba ahí, y ellos tenían que saberlo.

Yo del presente: Y lo que no sabías en ese momento era que, a pesar del miedo, no iban a dejarte sola en esto. Al día siguiente, sin dudarlo, toda tu familia, tus padres y hermanos, viajaron desde Barcelona a Córdoba para estar a tu lado. No lo pensaron dos veces. Estaban listos para estar contigo, para sostenerte en ese momento tan oscuro.

Yo del pasado: Exactamente, sabía que no podía enfrentar esto sola, y cuando colgué, aunque todavía me sentía angustiada, supe que ellos estarían conmigo. No sabía cuándo ni cómo, pero al día siguiente, mis padres y hermanos aparecieron en Córdoba. Verlos llegar fue como un rayo de luz en medio de la oscuridad que sentía.

Yo del presente: Ese viaje de Barcelona a Córdoba fue un acto de puro amor.

Yo del pasado: Sí, su llegada me dio la fuerza que necesitaba. No hicieron falta muchas palabras, lo único que importaba era que estábamos juntos en esto.

Yo del presente: Cada uno de ellos, con su manera particular de mostrar apoyo, te dio la certeza de que, aunque el camino que venía fuera incierto y lleno de miedo, tendrías a tu familia a tu lado. Ellos te dieron la fuerza para seguir.

Yo del pasado: Toni me decía todo el tiempo que lo estaba llevando con mucha entereza, que era un ejemplo a seguir, pero yo no me sentía así. ¿Qué otra opción tenía? Lo único que quería era que me quitaran el «bicho», curarme, y poder vivir mi vida de nuevo. No estaba intentando ser fuerte para los demás, solo quería sobrevivir. No podía pensar en otra cosa que en curarme y seguir adelante. A veces me parecía extraño que los demás me vieran como un ejemplo, cuando todo lo que hacía era lo que sentía que debía hacer para seguir viva.

Yo del presente: Toni veía en ti una fuerza que tal vez tú no podías ver en ese momento. Para él, tu lucha era admirable, porque te enfrentabas a algo que habría roto a muchas personas, y, aun así, seguías adelante.

Yo del pasado: No quería ser valiente o fuerte, solo quería que todo esto terminara, que me quitaran el «bicho», que pudiera volver a vivir sin miedo. Lo único en lo que pensaba era en curarme, en volver a tener una vida normal, en estar con mi familia, mis amigos, disfrutar de todas las cosas que, hasta ese momento, no me había dado cuenta de lo importante que eran. Era como si todo lo que antes daba por sentado ahora tuviera un nuevo significado, y lo único que quería era poder disfrutar de eso otra vez, sin este peso sobre mí.

Yo del presente: Es normal que te sintieras así, para ti, la lucha no era una cuestión de ser valiente o dar ejemplo, era una necesidad básica: querías vivir, disfrutar de la vida, de las personas que amabas, y liberarte de esa enfermedad que te amenazaba. A veces, la verdadera fortaleza no viene de querer demostrar algo, sino de ese instinto primario de aferrarse a la vida.

Esta enfermedad te enseñó a valorar cosas que antes, tal vez, dabas por sentadas. Las pequeñas cosas, los momentos cotidianos, se convirtieron en lo que más anhelabas. Curarte no solo era librarte del cáncer, era volver a reconectar con la vida, con todas esas cosas que ahora veías con nuevos ojos y disfrutar a las personas que amabas y las pequeñas alegrías del día a día.

Y, aunque en ese momento no lo veías, para Toni y para los demás, tu forma de enfrentar el proceso fue un ejemplo, no porque intentaras serlo, sino porque tu lucha fue real, tu deseo de seguir adelante era lo que todos admiraban. Querías vivir, y esa determinación fue lo que inspiró a quienes te rodeaban. A veces, el verdadero ejemplo no viene de querer ser fuerte, sino de esa lucha interna por aferrarse a la vida, por no rendirse, incluso cuando todo se vuelve difícil. Y eso, sin duda, es lo que te hacía tan fuerte a los ojos de los demás.

5

La intervención:
el día que me liberé del «bicho»

La mañana de la intervención fue una mezcla de miedo, incertidumbre y, en el fondo, una pequeña esperanza. Sabía que ese día era crucial, que estaba a punto de enfrentarme a algo grande. Acompañada por mi marido, mis padres y mi hermano Toni, sentía su apoyo en cada paso, pero también la gran carga emocional de lo que estaba por venir. Este capítulo trata sobre ese momento: la mañana en la que me enfrenté a la operación, los días de espera tras la intervención y la enorme ansiedad por saber si los ganglios estaban afectados.

Yo del pasado: El día de la operación llegó más rápido de lo que esperaba. Cuando me levanté esa mañana, todo se sentía irreal. Me duché, me vestí y me preparé para salir. Mi marido estaba conmigo, pero cuando abrí la puerta y vi a mis padres y mi hermano Toni ya esperándome, supe que ese momento había llegado de verdad.

Recuerdo como Toni me miró y me preguntó: «¿Cómo estás?». No tenía palabras, solo solté aire y callé. No podía decir nada porque ni yo misma sabía cómo me sentía. Estaba asustada, pero también quería acabar con esto cuanto antes.

Yo del presente: Ese momento en la puerta lo recordarás siempre. Ver a tus padres y a tu hermano allí fue un recordatorio de que no estabas sola en esto. Sabías que el miedo estaba presente, pero también había algo más: la certeza de que, por fin, ese «bicho» que tanto te preocupaba iba a desaparecer.

Yo del pasado: Ya en la sala de operaciones, tumbada en la camilla, no podía dejar de pensar: «¿Esto va conmigo? ¿Realmente me está pasando a mí?». Todo se sentía como un sueño, como si no fuera mi vida la que estaba en juego. Cerré los ojos y traté de no pensar en lo que vendría después, solo quería que todo pasara pronto.

Yo del presente: Es normal que te sintieras así, a veces, el proceso es tan abrumador que parece irreal, como si estuvieras observando tu vida desde fuera, pero esa sensación de desconexión no duró mucho porque cuando despertaste, algo había cambiado en ti.

Yo del pasado: Cuando desperté de la operación, lo primero que sentí fue alivio. Me sentí limpia, sabía que el «bicho» ya no estaba en mi cuerpo.

Subir a la habitación y ver a mi marido, a mis padres, a mi hermano y a mis amigos Rafa y María José esperándome me dio la vida. Estaba feliz de haber superado la intervención, y cuando el cirujano nos dijo que el tumor era pequeño, sentí como si me hubieran quitado un peso de encima. «Esto quedará en un mal sueño» dijo, y en ese momento, lo creí.

Yo del presente: Ese fue uno de los momentos más importantes, no solo por la intervención en sí, sino por lo que significaba emocionalmente. Saber que el tumor era pequeño y que las palabras del cirujano eran optimistas te dio la fuerza para enfrentarte a lo que venía después.

Yo del pasado: Al día siguiente, me dieron el alta. Llegué a casa y mis padres estaban allí, esperándome. Pero había algo dentro de mí que me hacía sentir la necesidad de salir, moverme, sentirme viva. Mi marido me dijo de ir a comprar, de dar un paseo, y así lo hicimos. Necesitaba esa sensación de vida cotidiana después de todo lo que había pasado.

Yo del presente: Era necesidad de sentirte viva, de hacer algo tan sencillo como dar un paseo o ir de compras, fue una forma de recordarte que seguías adelante. Después de la intervención, sabías que quedaba mucho camino por recorrer, pero en ese momento, solo querías reconectar con la vida cotidiana.

Yo del pasado: Sin embargo, la operación no era el final. Me quedaban 14 días de espera para saber si había metástasis en los dos ganglios centinela que me habían quitado. Los primeros días me sentí bien, positiva, pensaba que todo iba a salir bien, pero conforme se acercaba la fecha de los resultados, la ansiedad fue creciendo. Esos 14 días fueron interminables. Cuando finalmente recibí la noticia de que no había metástasis en los ganglios, rompí a llorar como nunca antes.

Yo del presente: Ese momento fue un verdadero punto de inflexión. Aunque la intervención había sido un éxito, sabías que esos resultados eran decisivos. La espera se convirtió en una tortura, pero cuando finalmente te dijeron que no había metástasis, sentiste una liberación total. Lloraste porque entendiste que tu vida había cambiado para siempre. El miedo que te había acompañado esos 14 días se disipó y, por fin, pudiste ver la luz al final del túnel.

Yo del pasado: Recuerdo que, al recibir la noticia, todo el peso que había estado cargando durante tanto tiempo se desvaneció. Sabía que, aunque el camino aún no había terminado, esa parte tan decisiva había pasado. El cáncer ya no estaba, y el hecho de que no hubiera metástasis significaba que podía mirar al futuro con más esperanza.

Yo de presente: Ese día te diste cuenta de que, aunque el proceso no había terminado, ya habías superado una parte fundamental, no había metástasis, y con esa noticia, una parte importante del miedo se fue. Aún quedaban desafíos, pero sabías que podías enfrentarlos con la misma fuerza con la que habías superado la intervención.

Yo: ¿Quién es esta mujer? Esta no soy yo… No puede ser. Mi cuerpo se siente extraño, como si me hubiera traicionado, veo la cicatriz y no me lo creo.

Mente: Es tu cuerpo, el mismo cuerpo que te ha sostenido durante toda esta lucha. Ha cambiado, pero sigue siendo tuyo.

Esas cicatrices no son marcas de debilidad, son la prueba de que sigues aquí.

Yo: ¿Pero me volveré a sentir cómoda? No soy la misma.

Mente: No, no lo eres, pero eso no significa que no estés completa. Eres más de lo que ves en el espejo. Te ves diferente, pero eso no define tu valor, ni lo que puedes hacer. Dale tiempo, aprenderás a amarte de nuevo.

6

Flores y amor: cuando los amigos te salvan de la soledad

Aquí reflexiono sobre el apoyo incondicional de mis amigos. Cristina, Lola, Trinidad… y muchos más que llenaron mi casa de flores y amor, asegurándose de que no me sintiera sola. Este capítulo es un homenaje a ese apoyo emocional que me sostuvo.

Yo del pasado: En los días más oscuros, cuando todo parecía desmoronarse, me di cuenta de algo increíble: no estaba sola. Mi casa se llenó de flores, ramos que llegaban de todas partes, como si cada flor fuese un recordatorio de que había personas pensando en mí, deseándome lo mejor. Mis amigos, mi familia, incluso personas que pensé que ya no estaban presentes en mi vida, todos aparecieron para darme ese apoyo de una manera que nunca imaginé. Era abrumador, pero en el mejor sentido posible.

Yo del presente: Esa ola de apoyo fue un faro en la tormenta. Cada ramo de flores, cada mensaje, cada llamada, eran recordatorios de que, aunque estabas luchando contra algo tan grande, había una red de personas dispuestas a sostenerte. No siempre tenías la energía para responder o para expresar lo que sentías, pero sabías que ellos estaban ahí, incluso en la distancia. La casa se llenó de amor en forma de flores, pero también en forma de personas que, a su manera, te demostraban que no enfrentarías esto sola.

Yo del pasado: Cristina, mi amiga y radióloga, estuvo conmigo desde el principio, me acompañó en cada paso, me explicó lo que no entendía, me calmaba cuando el miedo me superaba. Tenerla a ella, con su conocimiento y su cariño, fue un regalo enorme. Me sentía segura sabiendo que ella estaba allí, guiándome y apoyándome. Nunca me dejó sola en esto, y siempre supo qué decir o cuándo simplemente quedarse a mi lado en silencio.

Yo del presente: Cristina fue una de esas personas que no solo te brindó apoyo emocional, sino también su experiencia médica. Era como tener un faro en medio de la tormenta, alguien que podía ver más allá de lo que tú alcanzabas a entender en ese momento. Su mezcla de profesionalidad y amistad fue lo que te ayudó a mantener la calma cuando todo parecía estar fuera de control.

Yo del pasado: Mis amigos, cada uno a su manera, todos hicieron algo por mí. Llenaron mi vida de momentos de alivio. Me hacían reír, me escuchaban. A veces no necesitaban decir nada, solo estar ahí. Incluso aquellos amigos que pensé que no estaban en mi vida, aparecieron cuando más los necesitaba. Fue como si en ese momento difícil, la vida me recordara que el verdadero apoyo viene de lugares inesperados.

Yo del presente: Tus amigos te demostraron algo que pocas veces se vive: la verdadera amistad trasciende el tiempo y la distancia. No importaba cuánto tiempo había pasado desde que habías hablado con alguno de ellos, cuando más los necesitaste, ahí estaban. Fue como si ese dolor profundo que vivías despertara en todos ellos el deseo de estar presentes, de recordarte que el lazo de la amistad sigue intacto, sin importar los años o las circunstancias.

Yo del pasado: María Jesús, mi oncóloga, fue otro pilar importante. Con su calma, su paciencia, y su manera de explicarlo todo, hizo que enfrentara este proceso con un poco menos de miedo. No sé si podría haber pasado por esto sin ella. Me tranquilizaba saber que ella estaba al mando de mi salud, que podía confiar en su conocimiento y su cuidado. Aún hoy, sigue siendo una figura clave en mi vida, ayudándome a navegar las secuelas de todo esto.

Yo del presente: El papel de María Jesús fue fundamental. No solo era tu oncóloga, era alguien que te dio la confianza necesaria para enfrentar este proceso con más serenidad. Sabías que, bajo su cuidado, estabas en buenas manos, y eso fue un alivio inmenso en medio del caos. Su profesionalidad, su empatía, y su compromiso contigo te dieron la fuerza para seguir adelante, incluso en los días más duros.

Yo del pasado: Y luego estaba mi familia… Mi tía Carmen, mi tío Juani, mi tía Conchi, mis primas, mis primos… Todos ellos. Me dieron su apoyo y me hicieron sentir querida y cuidada.

Mi familia política, mi suegra Ángela, mi cuñada María José, que es mi hermana...

Es imposible nombrarlos a todos, porque eran muchos los que estuvieron ahí, incluso aquellos que no esperaba. Mi casa se convirtió en un refugio de amor, y aunque el dolor seguía ahí, me sentía arropada por tantas personas que me querían.

Yo del presente: Ese refugio que tu familia y amigos crearon fue lo que te sostuvo en los momentos más difíciles. No importaba lo lejos que estuvieran o lo que estuvieran haciendo en sus propias vidas, todos hicieron un espacio para estar contigo, para recordarte que, sin importar lo que estuvieras enfrentando, no estabas sola. Ese apoyo colectivo fue un bálsamo para tu alma, porque sabías que, aunque el dolor físico y emocional fuera intenso, no lo ibas a cargar sola.

Yo del pasado: A veces me sentía abrumada por tanto amor, me sentía afortunada y, al mismo tiempo, culpable por no poder siempre responder o agradecer como quisiera, pero sabía que todos ellos, mi familia y mis amigos, lo entendían. Sabían que sus gestos, sus flores, sus palabras, me estaban ayudando más de lo que yo podía expresar. No sé cómo habría pasado por todo esto sin ellos.

Yo del presente: El apoyo de tantas personas fue algo que te dejó una huella profunda. Y aunque no siempre podías expresar tu gratitud en ese momento, ellos lo sabían. Sabían que sus gestos, grandes y pequeños, te estaban dando la fuerza que necesitabas para luchar.

7

Soltar para sanar: los que no supieron estar

A lo largo de mi proceso, aprendí que no todos saben cómo estar presentes en los momentos más difíciles. Algunas personas, por miedo o por falta de comprensión, se distancian cuando más las necesitas. Al principio, me dolió profundamente, no entendía cómo algunos amigos y seres queridos no podían estar a mi lado cuando estaba atravesando una de las etapas más duras de mi vida. Sin embargo, con el tiempo, comprendí que soltar a esas personas no solo era necesario, sino que también formaba parte de mi sanación. Este capítulo trata sobre el difícil acto de dejar ir, de aceptar que no todos están destinados a acompañarnos en los momentos más oscuros y cómo ese proceso me permitió avanzar.

Yo del pasado: Había personas que, antes del diagnóstico, estaban presentes en mi vida de manera constante. Compartíamos momentos de risa, amistad y apoyo, o al menos eso creía. Pero cuando llegó la noticia de que tenía cáncer, algunas de esas personas simplemente se alejaron. Dejaron de estar. Y me dolió, mucho. No entendía por qué, en un momento tan crucial, algunas de las personas que más quería parecían no saber cómo estar conmigo.

Yo del presente: Ese vacío fue profundo. Sentías una mezcla de dolor y traición, como si el cáncer hubiera revelado quién estaba realmente contigo y quién no podía soportar la verdad, pero lo que más te dolía no era el silencio de esas personas, sino la sensación de que quizá no eras lo suficientemente importante para que se quedaran a tu lado en ese momento tan difícil.

Yo del pasado: Recuerdo que al principio intentaba justificar sus ausencias: «Están ocupados», «no saben qué decir», «esto debe ser difícil para ellos también». Trataba de convencerme de que no era culpa de nadie, pero en el fondo, dolía. Dolía sentir que, en uno de los peores momentos de mi vida, algunas de esas personas a las que les habría confiado todo no podían soportar el peso de estar cerca.

Yo del presente: Te aferraste a esa justificación durante un tiempo. El miedo al rechazo y al abandono es una carga pesada. Intentabas protegerte pensando que su ausencia no significaba que no te quisieran, pero, poco a poco, entendiste que las relaciones también se miden en los momentos difíciles. No era que no te quisieran, era que no sabían cómo estar.

Yo del pasado: Pero entonces sucedió algo inesperado, otras personas, algunas que casi había perdido de vista, aparecieron en mi vida, personas que no esperaba ver me demostraron que el apoyo puede venir de los lugares más insospechados, y eso me hizo ver que no se trata solo de quién está al principio, sino de quién decide quedarse cuando las cosas se ponen difíciles.

Yo del presente: Exactamente, en ese proceso, empezaste a valorar a las personas que sí estuvieron, que no necesitaban ser perfectas, solo estar presentes. Comprendiste que las relaciones verdaderas no se definen solo por el tiempo o la cercanía física, sino por la capacidad de estar emocionalmente disponibles. Las personas que se quedaron contigo lo hicieron desde un lugar profundo de amor y fortaleza, y aprendiste a soltar a quienes no pudieron compartir ese camino.

Yo del pasado: Pero soltar no fue fácil. Al principio me aferraba a la esperanza de que esas personas que se distanciaron regresarían, que todo volvería a ser como antes, quería recuperar la normalidad que sentía haber perdido, pero cuanto más lo intentaba, más me daba cuenta de que no era posible. No se trataba solo del cáncer, sino de que nuestra relación ya no tenía el mismo significado. Afortunadamente solo fueron dos o tres personas, no más.

Yo del presente: Y eso es parte del proceso de soltar. Te diste cuenta de que no podías cargar con el dolor de sus ausencias mientras intentabas sanar. Estabas ya luchando contra una enfermedad, enfrentando tus propios miedos y debilidades, no podías también luchar para mantener a esas personas en tu vida sino estaban dispuestas a quedarse por sí mismas. Soltar fue un acto de liberación.

Yo del pasado: Cuando finalmente acepté que algunas personas no estarían en mi vida, sentí un alivio que no esperaba, no era que dejara de quererlas, sino que entendí que mi camino hacia la sanación no podía incluirlas, y eso estaba bien. Aprendí a no reprocharlas, a no llevar más el dolor de su ausencia. Dejarlos ir fue parte de mi sanación, porque me permitió centrarme en las personas que sí estaban, en quienes me sostenían día a día.

Yo del presente: Soltar a quienes no supieron estar te dio espacio para valorar aún más a quienes sí lo hicieron. En lugar de lamentar por las ausencias, empezaste a agradecer las presencias, a comprender que, en los momentos difíciles, las relaciones auténticas se fortalecen, y quienes están, lo hacen desde el amor y la comprensión, no desde la obligación. Al final, soltar no es una derrota, es un acto de amor propio, porque te permitiste sanar sin cargar con el dolor innecesario.

Yo: ¿Por qué no lo entienden? ¿Por qué algunos se alejan cuando más los necesito?

Mente: No es tu culpa. Algunos simplemente no saben cómo estar. No es que no te quieran, es que no saben cómo manejar el dolor ajeno.

Yo: Pero se supone que debían estar aquí.

Mente: No estás sola, están aquellos que sí se han quedado, los que han demostrado que puedes contar con ellos, no necesitas a todos, solo a quienes realmente están dispuestos a caminar este camino contigo.

Yo: Pero duele perder a quienes pensé que estarían.

Mente: Sí, duele, pero, al final, los que permanecen te dan la fuerza para seguir adelante y, con ellos, es suficiente.

8

25 sesiones de fuego: radioterapia y resistencia

Cada sesión de radioterapia era un recordatorio de que, aunque el tumor había desaparecido, la batalla aún no había terminado. La radioterapia no solo atacaba lo que quedaba de la enfermedad, también ponía a prueba mi cuerpo y mi espíritu.

Este capítulo trata sobre cómo enfrenté ese fuego silencioso que parecía querer consumirlo todo y, cómo, a pesar del cansancio extremo y el dolor, me aferré a la idea de que cada sesión me acercaba un poco más a la cura. La resistencia no fue solo física, sino mental, porque, aunque mi cuerpo se debilitaba, mi voluntad de seguir adelante nunca cedió.

Yo del pasado: El primer día de radioterapia fue surrealista. Al estar allí, me preguntaba si todo eso iba conmigo. ¿Realmente era yo la que estaba pasando por esto? Me parecía imposible, como si estuviera viviendo en el cuerpo de otra persona. Miraba a mi alrededor y no podía creer que estuviera en esa situación, que la radioterapia formaba parte de mi vida. Pero ahí estaba, y tuve que enfrentarme a la realidad.

Yo del presente: Ese primer día fue un choque. Hasta ese momento, aunque habías pasado por muchas cosas, encontrarte en esa sala de radioterapia, hizo que todo se sintiera aún más real. Era el recordatorio de que la lucha continuaba. Pero también sabías que ese era el siguiente paso en tu proceso de sanación, que cada sesión era un paso más hacia adelante, aunque doliera.

Yo del pasado: Las primeras sesiones las llevé bien, intentaba mantener la calma, repetirme a mí misma que esto era necesario, que la radioterapia me estaba ayudando. Mi marido me acompañaba a todas las sesiones, nunca me dejó sola, aunque yo sabía que le costaba verme en esa situación. Cada vez que entraba en la sala, podía sentir como se quedaba fuera, sufriendo por no poder hacer nada más que esperar, pero me daba fuerza saber que estaba ahí, esperándome.

Yo del presente: Su apoyo fue fundamental. A veces, el simple hecho de saber que alguien que te ama está ahí esperando, es suficiente para darte fuerzas. Él también estaba pasando su propio dolor, viendo como tenías que enfrentarte a esa realidad, pero, aun así, nunca dejó de acompañarte. Sabías que, aunque fuera difícil para él, no se apartaría ni un segundo de tu lado.

Yo del pasado: A medida que avanzaban las sesiones, el cansancio como efecto secundario empezó a notarse. Me sentía agotada, como si cada sesión me drenara un poco más de energía, pero seguía adelante, porque sabía que era lo que tenía que hacer.

La mama empezó a quemarse, a doler. Cada vez que me miraba en el espejo, veía el cambio, las marcas que la radioterapia estaba dejando en mi cuerpo, pero sabía que, aunque doliera, aquello era por mi bien, era parte del proceso de curación.

Yo del presente: Esa quemadura fue un recordatorio físico de todo lo que tu cuerpo estaba soportando. A veces, el dolor físico hacía que el proceso se sintiera aún más difícil, pero en el fondo, sabías que era un sacrificio necesario. El cansancio, las marcas, todo formaba parte de la lucha por tu vida, por tu bienestar y, aunque fue difícil, seguiste adelante, sabiendo que cada sesión te acercaba un poco más al final del tratamiento.

Yo del pasado: Recuerdo como, a mitad del proceso, me miraba en el espejo y veía las quemaduras, el cansancio en mi rostro. Me preguntaba cuánto más podría aguantar, pero nunca dejé que esas dudas me dominaran. Sabía que tenía que seguir, por mí, por mi familia, por mi futuro.

Yo del presente: A pesar de lo duro que fue, encontraste esa fuerza interior que te ayudó a seguir adelante. Todos esos efectos secundarios eran parte del camino hacia tu curación, aunque en esos momentos te pareciera interminable. Tu determinación y tu capacidad para ver más allá del dolor físico, para recordar que esto era por tu bien, fue lo que permitió terminar las 25 sesiones de radioterapia. Te prometiste que seguirías luchando, y lo hiciste, día tras día.

Yo del pasado: Las últimas sesiones fueron las más difíciles, estaba agotada, física y mentalmente, pero al mismo tiempo, sabía que estaba llegando al final. Sabía que cada sesión me acercaba más a terminar esa etapa, y eso me dio un poco de alivio. Mi hermano Toni me llamaba todos los días, llevaba la cuenta de cuantas sesiones me quedaban. El último día, esa llamada de mi hermano, no la olvidaré nunca.

Yo del presente: Esas últimas sesiones fueron una mezcla de agotamiento y esperanza. Sabías que estabas a punto de cruzar la línea de meta y, aunque tu cuerpo estaba al límite, tu mente estaba enfocada en lo que vendría después. El apoyo constante de David, su manera de estar a tu lado en silencio, fue una de las mayores razones por las que pudiste soportar todo el proceso. Juntos, enfrentaron cada sesión, y juntos llegaron al final. Y, aunque fue duro, lo lograron.

9

Pastillas que previenen, efectos que desafían

Este capítulo describe cómo, después de la fase más intensa del tratamiento, la toma de pastillas se convirtió en una batalla diaria. Aunque parecía un paso más leve dentro del tratamiento, los efectos secundarios fueron duros. Aquí reflexiono sobre cómo estos síntomas constantes se convirtieron en un recordatorio de que el camino hacia la recuperación es largo, y cómo aprendí a convivir con ellos mientras seguía luchando por mi bienestar.

Yo del pasado: Pensé que, después de la cirugía y la radio-terapia, todo empezaría a mejorar. Pero aquí estoy, tomando esas pastillas que se supone me están ayudando, pero me siento peor cada día. No entiendo cómo algo que se supone que es parte de la cura me está haciendo sentir mal. El dolor de las articulacio-nes es insoportable... Apenas puedo moverme a veces. ¿Cuánto tiempo más voy a tener que soportar esto?

Yo del presente: Lo sé, lo sé muy bien. Pensabas que, una vez superados los grandes obstáculos, podrías empezar a sentirte mejor, pero lo que no te dijeron es que esa etapa del tratamiento también sería difícil, aunque de una manera distinta. Los efectos secundarios, como el dolor de las articulaciones, los sofocos, el cansancio extremo… Todo eso empezó a afectarte más de lo que esperabas. Y lo peor es que son síntomas invisibles, que no todos entienden.

Yo del pasado: Los sofocos son insoportables. Es como si mi cuerpo estuviera en guerra consigo mismo. De repente estoy bien y al segundo siguiente siento que me estoy quemando por dentro. Y el cansancio… Estoy tan cansada, todo el tiempo. No es el tipo de cansancio que se va con una siesta. Es como si mi cuerpo hubiera olvidado cómo sentirse descansado.

Yo del presente: Ese agotamiento extremo fue una de las partes más frustrantes para ti. Porque ya no era solo físico, también era emocional. Querías volver a tener energía, volver a sentirte como tú misma, pero tu cuerpo parecía luchar contra ti. Y los sofocos… Esos te hacían sentir fuera de control, como si nunca pudieras estar en paz con tu propio cuerpo. Esas oleadas de calor te atacaban en los momentos más inesperados, recordándote que el tratamiento no había terminado, aunque ya no estuvieras en el hospital.

Yo del pasado: Y el dolor de las articulaciones… Es como si mi cuerpo estuviera envejeciendo años de golpe. No puedo subir las escaleras sin sentir que mis rodillas se rompen. Apenas puedo levantarme de la cama algunos días sin que cada parte de mí duela. Me siento tan frágil, como si mi cuerpo ya no me perteneciera.

Yo del presente: Ese dolor fue como un recordatorio constante de que tu cuerpo estaba cambiando, y no siempre para mejor. Sé que lo más difícil fue sentirte limitada, como si tu energía y tu movimiento estuvieran restringidos por algo que no podías controlar. A pesar del dolor, seguiste avanzando, aunque fuera a un ritmo más lento. Lo importante es que nunca te rendiste, a pesar de esa sensación de fragilidad.

Yo del pasado: No sé cuánto más puedo aguantar esto. La gente cree que ya terminé la lucha, pero no entienden lo que es lidiar con estos síntomas todos los días. Me siento sola, como si nadie pudiera ver lo que realmente está pasando. ¿Cuánto tiempo más voy a tener que tomar estas pastillas? ¿Alguna vez volveré a sentirme normal?

Yo del presente: Es cierto, mucha gente asume que una vez que el tratamiento más agresivo termina, ya todo debería estar bien. Pero para ti, esa fue una nueva batalla. Estos efectos secundarios, aunque invisibles para los demás, eran una lucha diaria. Aprendiste a convivir con ellos y, aunque algunos días parecían interminables, entendiste que esta etapa también formaba parte de tu recuperación. Nunca fue fácil y, a veces, te desesperaste pensando en cuándo terminarías. Pero con el tiempo, empezaste a aceptar que el camino hacia sentirte «normal» sería diferente al que habías imaginado.

Yo del pasado: Solo quiero volver a ser quien era antes de todo esto. Pero cada día que pasa me siento más distante de esa versión de mí misma.

Yo del presente: Nunca volverás a ser la misma, y eso está bien. Has cambiado y aprendido a vivir con una nueva realidad.

Pero lo que ahora no puedes ver es que esa nueva versión de ti también es valiosa, también es fuerte. Tus prioridades cambiaron, tus expectativas de lo que es «normal» también cambiaron. Aunque parezca imposible, el dolor y el cansancio no te definieron, pero sí que te enseñaron mucho sobre la paciencia, la resistencia y sobre cómo escuchar tu cuerpo. Aceptaste que está bien no ser la persona que eras antes, porque quien eres ahora es más sabia y más fuerte de lo que crees.

Yo: No puedo más, estoy cansada, cada día que pasa pesa más el cuerpo. Cada paso se siente como si fuera el último.

Mente: Lo sé, pero siempre has podido más de lo que crees. Solo respira. Hoy solo necesitas pasar este día.

Yo: Pero ¿cómo? El dolor no para. Mi cuerpo no me responde. Todo duele.

Mente: No pienses en mañana, ni en lo que vendrá, solo en este momento, en este instante. Si puedes con este segundo, podrás con el siguiente.

Yo: ¿Y si nunca vuelvo a sentirme bien? ¿Qué pasa si nunca recupero la fuerza?

Mente: Tu fuerza no es solo física, la tienes dentro. Incluso en los días que no puedes más, tu mente sigue adelante. Esa es la verdadera fuerza.

10

La menopausia que no elegí: un cambio forzado

Este capítulo trata sobre el momento en que, tras el diagnóstico del cáncer de mama, me enfrenté a otra decisión difícil: la extirpación de los ovarios.

Aunque entendí que era lo mejor para mi salud, no estaba preparada para lo que venía después. Entré en una menopausia forzada con todos los síntomas y cambios físicos que trae consigo, pero de una manera abrupta y sin el tiempo para prepararme mental y emocionalmente. Aquí comparto cómo este proceso me afectó y cómo lidié con los efectos de esta transformación inesperada.

Yo del pasado: ¿Cómo es posible que después de todo lo que he pasado, ahora me digan que me tienen que quitar los ovarios? Apenas estoy empezando a recuperarme del cáncer de mama, y ahora esto... No puedo creer que, en tan poco tiempo, mi cuerpo se haya convertido en un campo de batalla. Me siento traicionada por mi propio cuerpo.

Yo del presente: Recuerdo perfectamente esa sensación. No podías soportar otro golpe. Y lo que más dolía no era solo la

59

cirugía en sí, sino lo que simbolizaba: la pérdida de una parte de ti, de tus ovarios, de tu capacidad de volver a intentar ser madre de forma natural, y la entrada forzada en una menopausia que no debería haber llegado tan pronto. Era como si una puerta se cerrara bruscamente en tu vida.

Yo del pasado: Exacto, tenía 41 años. Nunca imaginé que entraría en la menopausia tan pronto. Y no fue algo gradual, fue de golpe, con todos los síntomas al máximo. El cansancio extremo, los sofocos, la falta de sueño... Los mismo que los que da la toma de las pastillas, por lo que tengo los efectos secundarios multiplicados por dos. Siento que estoy envejeciendo demasiado rápido. ¿Cómo se supone que voy a vivir así el resto de mi vida?

Yo del presente: La menopausia forzada fue un choque para ti. En lugar de tener tiempo para prepararte emocional y físicamente para estos cambios, todo ocurrió en un abrir y cerrar de ojos. El dolor en los huesos, sofocos, irritabilidad, esa niebla mental que parecía no desaparecer nunca... Fue agotador, física y mentalmente. Y te preguntabas si alguna vez te sentirías como tú misma de nuevo.

Yo del pasado: Y no solo eran los síntomas físicos, era lo que significaba emocionalmente. Sentía que mi feminidad me había sido arrebatada, como si mi cuerpo ya no fuera mío. Primero el cáncer me quitó una parte y ahora esto... No sé si podré volver a sentirme completa. Me duele pensar en todo lo que estoy perdiendo.

Yo del presente: Ese duelo por lo que sentías que estabas perdiendo fue una de las partes más duras. Porque no solo era la menopausia, era el simbolismo detrás de la cirugía. Perdiste algo que representa mucho para las mujeres y lo hiciste de manera abrupta. Fue una despedida no deseada de una parte de ti. Pero, con el tiempo, aprendiste que no eras menos mujer por lo que habías perdido. De hecho, lo que te hacía mujer, tu fuerza, tu capacidad de amar y de luchar, seguía intacta.

Yo del pasado: Pero ¿cómo voy a adaptarme? El cáncer ya cambió mi vida de formas que no imaginaba y ahora siento que este es otro golpe del que no sé cómo me voy a levantar. No me reconozco. Físicamente estoy tan diferente y emocionalmente me siento agotada. ¿Cómo se supone que volveré a encontrarme?

Yo del presente: Fue un proceso largo. Sentirte agotada era completamente normal, tu cuerpo estaba lidiando con cambios tan extremos que te sentías desbordada. A veces querías gritar, a veces llorar. Pero poco a poco, empezaste a adaptarte. Descubriste nuevas formas de cuidar de ti, de aceptar que tu cuerpo había cambiado, pero que estos cambios no definían tu valor. Y aunque te costó mucho tiempo, encontraste un nuevo equilibrio. Entendiste que no se trataba de volver a ser la que eras antes, sino de aprender a ser una nueva versión de ti misma.

Yo del pasado: A veces me pregunto si algún día podré volver a sentirme joven o plena. Todo esto me hace sentir tan vieja, tan desgastada por dentro. No pensé que a esta edad estaría lidiando con estas cosas, con tantos cambios en tan poco tiempo.

Yo del presente: Te sentirás joven de nuevo, pero de una manera diferente. Aprenderás a valorar las pequeñas cosas que te hacen sentir viva, como una caminata tranquila, una conversación sincera o un momento de paz sin dolor. No es lo mismo que antes, y nunca lo será, pero esa plenitud que buscas la encontrarás en otros lugares. Y, aunque a veces sientas que tu cuerpo te ha fallado, descubrirás que tu fortaleza interior es lo que realmente te sostiene.

Yo del pasado: ¿Alguna vez podré dejar de pensar en todo lo que he perdido?

Yo del presente: Habrá días en que el duelo por lo que perdiste será fuerte. Pero también habrá días en que te darás cuenta de todo lo que ganaste en el proceso: resiliencia, una comprensión más profunda de ti misma y una nueva forma de ver la vida. La pérdida siempre estará ahí, pero aprenderás a vivir con ella sin que te consuma. Con el tiempo, esos pensamientos de pérdida se transformarán en aceptación y en gratitud por haber sobrevivido y seguir adelante.

11

París: un regalo que mi cuerpo no pudo aceptar

Después de la operación de los ovarios, mi marido me regaló un viaje a París. Sin embargo, debido a los efectos de la menopausia reciente y el cambio de pastillas, no pude disfrutar del viaje como había imaginado. La frustración de no poder vivir ese sueño es el centro de este capítulo.

Yo del pasado: Caminamos por las calles de París, pero todo lo que puedo pensar es en lo cansada que estoy. Mi cuerpo está agotado. Quiero seguir caminando, quiero disfrutar de ese momento con mi marido, pero no puedo. Mi cuerpo simplemente no me responde. No debería estar tan cansada, no debería tener que regresar al hotel tan pronto. París es una ciudad para disfrutar, para pasear sin prisa, pero no puedo. Apenas hemos salido y ya necesito volver a la cama.

Yo del presente: Recuerdo lo emocionada que estabas cuando tu marido te regaló este viaje. Después de la cirugía de los ovarios, después de todo lo que habías enfrentado con el cáncer, este viaje a París era un símbolo de esperanza, de que podías empezar a reconstruir tu vida, a sentirte tú misma otra vez. Pero lo que nadie te dijo es que los efectos secundarios de la menopausia forzada serían tan intensos que, incluso las cosas más simples como caminar por las calles de París, se sentirían como una batalla.

Yo del pasado: Me siento culpable. Mi marido me mira con tanta comprensión, pero sé que él quería que este fuera un viaje especial para los dos. Y aquí estoy, diciéndole que tengo que volver al hotel porque no puedo más. Me duele porque él no se queja, pero yo sé que también quería disfrutar de la noche, de París iluminada. Me siento como si le estuviera fallando a él también.

Yo del presente: Lo que no podías ver en ese momento era que tu marido no veía esto como un fracaso. Te amaba, te entendía y sabía que habías pasado por mucho. Pero sé que, desde tu perspectiva, sentías que lo estabas decepcionando, que París se te estaba escapando de entre los dedos. Esa culpa por no poder disfrutar de algo tan especial te consumía, poque querías que fuera perfecto, querías vivirlo al máximo. Y no era tu culpa que tu cuerpo no pudiera seguir el ritmo de tus deseos.

Yo del pasado: Entrar al hotel tan temprano, mientras afuera la ciudad sigue viva, fue uno de los momentos más tristes. Miraba por la ventana y veía a la gente paseando, disfrutando, viviendo la experiencia que yo debería estar viviendo, pero todo lo que podía hacer era tumbarme en la cama, con un cansancio que me arrastraba, incapaz de seguir. Me sentía inútil. ¿Por qué no puedo simplemente tener una noche normal, como el resto del mundo?

Yo del presente: Fue doloroso aceptar que tu cuerpo no podía seguir el ritmo de tu mente. Tuviste que hacer una pausa cuando lo único que querías era seguir adelante, disfrutar, explorar. Pero lo que no podías ver entonces era que ese descanso también era necesario. No era una señal de fracaso. Era tu cuerpo pidiendo tiempo para sanar, para procesar todo lo que había pasado. Tu marido no te juzgaba por eso, y aunque te dolía, ese momento de descanso era parte de tu recuperación.

Yo del pasado: Me siento rota, este viaje era mi oportunidad de sentirme libre de nuevo, de tener una especie de vida nueva después de la operación. Pero aquí estoy, sintiéndome como si hubiera envejecido veinte años. Debería estar disfrutando de una cena romántica, caminando por el Sena pero, en cambio, estoy agotada antes de que la noche siquiera empiece. No es justo.

Yo del presente: Esa sensación de injusticia te acompañó durante todo el viaje. Te dolía no poder aprovecharlo, y cada vez que te veías obligada a regresar temprano, sentías que estabas perdiendo una parte importante de esa experiencia, pero lo que no sabías en ese momento, es que estabas haciendo lo que podías. Estabas dando lo mejor de ti y, aunque te sentías limitada, el simple hecho de haber llegado hasta París ya era un logro en sí mismo. No era justo, no, pero era lo que tu cuerpo necesitaba en ese momento.

Yo del pasado: Quiero disfrutar de este viaje, quiero que tengamos recuerdos felices, pero en lugar de eso, todo lo que tengo son recuerdos de dolor, de cansancio. Siento que esta oportunidad se está desaprovechando.

Yo del presente: Es normal que te sintieras así, pero con el tiempo, aprendiste que ese viaje no fue un desperdicio. Aunque no lo viviste como lo habías imaginado, fue un paso importante en tu proceso de curación emocional. Fue el primer intento de volver a una vida normal, aunque no te sintieras lista todavía.

Yo del pasado: Sigo pensando que debería haber sido mejor, que debería haber sido diferente. Me duele pensar en todo lo que no pude hacer.

Yo del presente: Es normal lamentar lo que no pudiste vivir plenamente, pero con el tiempo entenderás que ese viaje fue lo que necesitabas en ese momento, aunque no lo pareciera. Fue un recordatorio de tus límites, sí, pero también de tu valentía por intentarlo. Aprendiste que tu recuperación no sería lineal, que habría días buenos y días malos, incluso en medio de algo tan hermoso como París.

12

Rendirme al trabajo para no rendirme a mí misma

Después de enfrentar la falta de comprensión en mi trabajo, tomé la decisión de cambiar de empleo. En este capítulo hablo de cómo esa decisión fue un paso necesario para priorizar mi salud y cómo ese cambio me permitió recuperar algo de control sobre mi vida.

Yo del pasado: Hubo un día en que, al despertarme para ir al trabajo, ya no podía más. Mi cuerpo no respondía como antes. Me costaba moverme y cada paso me recordaba lo frágil que me sentía. A pesar de todo, me obligaba a seguir, porque siempre había sido así: la rutina, el deber, el trabajo. Sentía que, si dejaba de lado mi trabajo, me perdería a mí misma, pero, poco a poco, empecé a darme cuenta de que no podía más. Mi salud estaba empeorando, y el trabajo que había sido tan importante para mí ya no me ofrecía lo que necesitaba para seguir adelante.

Yo del presente: Ese agotamiento físico y mental era un aviso de tu cuerpo. Sabías que el cáncer, la menopausia forzada y el tratamiento de pastillas te había dejado cicatrices invisibles. El cansancio y los dolores que sentías no eran solo una cuestión de esfuerzo, sino una señal de que necesitabas parar. Pero el miedo a soltar el trabajo, a dejar de ser productiva, fue un obstáculo que te costó mucho superar.

Yo del pasado: Recuerdo que hablé con mi responsable, le expliqué que no podía seguir doblando turnos, que mi cuerpo no aguantaba el ritmo que antes podía soportar. Le pedí que revisáramos mi situación, que me ayudaran a adaptarme a mis nuevas circunstancias, pero no hubo respuesta. Lo que recibí fue indiferencia. Fue entonces cuando supe que no podía seguir más. Mi salud tenía que estar por encima de cualquier cosa, por encima del trabajo, del miedo a no ser suficiente, por encima de todo.

Yo del presente: Esa conversación fue un momento decisivo. En lugar de sentirte escuchada y apoyada, te diste cuenta de que no podías contar el sistema para priorizar tu bienestar. Elegir la salud sobre el trabajo fue difícil, pero fue un acto de valentía. Al soltar el trabajo, no solo te liberaste de una carga física, sino también emocional, era hora de cuidarte a ti mima.

Yo del pasado: Tomar la decisión de irme fue aterrador. Me preguntaba si era lo correcto, si estaba abandonando algo importante, pero sabía que seguir en ese ambiente no era posible, no estaba siendo entendida ni respetada en mis necesidades. El día que presenté mi renuncia, sentí una mezcla de miedo y alivio. Miedo por no saber qué vendría después, pero alivio por haber elegido lo más importante: mi salud.

Yo del presente: Y fue la mejor decisión que tomaste. Dejar ese trabajo no significó rendirse, significó priorizarte a ti misma. Tuviste la suerte de encontrar un trabajo nuevo donde valoraron lo que realmente estabas pasando, donde entendieron tus límites y te dieron la oportunidad de vivir con más tranquilidad. Fue un cambio necesario que te permitió reconectar con la vida y la paz que tanto habías necesitado.

Yo del pasado: Al principio, me costó adaptarme, sentía que había perdido parte de mi identidad, como si no fuera suficiente por no poder seguir el mismo ritmo de antes. Pero, con el tiempo, me di cuenta de que mi valor no dependía de cuánto trabajara o de lo que pudiera hacer, mi valor estaba en mi vida, en mi capacidad de seguir adelante a pesar de todo. Cuidarme fue la decisión más difícil, pero también la más importante.

Yo del presente: Y ahora sabes que, aunque el trabajo puede ser importante, nunca debe estar por encima de tu bienestar, elegir la salud no es rendirse, es tomar el control de tu vida. A pesar de los dolores y el cansancio, hoy puedes llevar una vida más tranquila, sin la presión de un trabajo que no te comprendía ni apoyaba. No solo recuperaste la paz que tanto necesitabas, sino que acertaste con este nuevo trabajo, un lugar donde te entendieron y valoraron y tratan a las personas como eso, personas, no como un número. Es una vida con desafíos, pero también con la satisfacción de haber elegido lo que realmente importa.

13

Aceptar y avanzar: cómo enfrento los efectos secundarios

Este capítulo trata sobre cómo aprendí a manejar los efectos secundarios de las pastillas y la menopausia forzada. A pesar de los dolores articulares, el cansancio extremo y los sofocos, decidí que no permitiría que esos síntomas me impidieran seguir adelante. Encontré en la actividad física, la alimentación saludable y la constancia diaria las herramientas para mantenerme activa y, sobre todo, para seguir sintiéndome viva.

Yo del pasado: Empecé poco a poco. Me di cuenta de que quedarme en casa, inmóvil, solo empeoraba los síntomas, entonces decidí andar todos los días, no importaba si hacía frío o calor, si el dolor era más fuerte un día o el otro, salía a caminar. Caminar me dio una sensación de control sobre mi cuerpo, me devolvió parte de la energía que sentía que las pastillas me estaban robando.

Yo del presente: Esa decisión de caminar todos los días fue clave. Caminar te dio ese espacio para desconectar del dolor y reconectar contigo misma. Te demostró que, aunque tu cuerpo te estuviera desafiando, aún tenías el poder de seguir adelante. Y poco a poco, caminando se convirtió en una parte vital de tu día, una forma de paliar los efectos secundarios y recordarte que aún eras fuerte.

Yo del pasado: Junto con caminar, empecé a cuidar mi alimentación, sabía que lo que comía afectaba cómo me sentía. Me centré en darle a mi cuerpo lo que necesitaba para combatir los síntomas. No siempre era fácil, porque algunos días me faltaban las fuerzas para cocinar, pero sabía que era parte de mi recuperación. Mantenerme activa, comer bien, eran las pequeñas batallas que podías ganar todos los días.

Yo del presente: Cada decisión, desde lo que comías hasta cuándo caminabas, te ayudaba a aceptar tu nueva realidad sin dejar que los efectos secundarios tomaran el control.

Yo del pasado: Aún con todo, no siempre era fácil. Hubo mañanas en las que el cansancio era tan fuerte que no quería levantarme de la cama, pero incluso esos días me obligaba a hacerlo, porque sabía que quedarme inmóvil solo me haría sentir peor. Me levantaba con la firme decisión de comerme el mundo, de no dejar que los síntomas me frenaran, tenía que seguir trabajando, sentirme útil, mantener mi mente ocupada, esa era mi forma de enfrentar el dolor: no detenerme.

Yo del presente: Y esa actitud es lo que te ha permitido llegar hasta aquí, incluso cuando los efectos secundarios te han golpeado con más fuerza, te has levantado cada mañana decidida a avanzar, te has recordado que tu valor no depende de si te sientes al 100 % todos los días, sino de la constancia con la que sigues adelante, a pesar de los obstáculos. El hecho de que mantuvieras tu actividad, de que te mantuvieras trabajando y activa, fue lo que te dio fuerza para seguir enfrentando los días más duros.

Yo del pasado: Además de caminar y cuidarme con la alimentación, supe que necesitaba más ayuda para paliar los efectos secundarios. Comencé a acudir regularmente al fisioterapeuta, las sesiones me ayudaban a aliviar la tensión en las articulaciones y a sentir que estaba haciendo algo positivo por mi cuerpo. A veces, cuando el dolor se hacía más fuerte, tenía que recurrir al ibuprofeno, no me gusta depender de medicamentos, pero sabía que había días en los que era necesario. Empecé de nuevo a bailar, iba una hora por semana con mi amiga Yolanda. El flamenco siempre ha sido mi fuente de vida y mi verdadera pasión. A veces, un simple zapateado me rompía, pero ahí estaba Yolanda. No me dejaba parar, ella sabía que podía y así fue como poco a poco lo fui consiguiendo.

Yo del presente: Acudir al fisioterapeuta e ir a bailar fueron unas de las mejores decisiones que tomaste. No solo te proporcionaban alivio físico, sino también mental, porque sabías que estabas haciendo algo activo para cuidar de ti misma. Las sesiones te ayudaban a aliviar el dolor y a mantener la movilidad que, en algunos momentos, parecía escapar con los efectos secundarios, al igual que pasaba la hora que estabas bailando. Y el ibuprofeno, aunque no querías depender de él, era un recurso necesario en esos días donde el dolor superaba tus fuerzas. No fue una señal de debilidad, sino una forma de hacer más llevadero el proceso.

Yo del pasado: Aceptar mi realidad fue uno de los mayores retos. Hubo un momento en el que tuve que dejar de luchar contra el hecho de que estos efectos secundarios eran parte de mi vida. Pero eso no significaba que me había rendido, sino que aprendí a vivir con ello. Caminando, comiendo sano, manteniéndome activa y útil, encontré una manera de sobrellevarlo sin perder de vista lo que realmente importaba: seguir adelante, un día a la vez.

Yo del presente: Y aceptar esa realidad no fue una derrota, sino una victoria, porque aprendiste a cuidarte, a respetar tus límites, pero también a superarlos cuando los necesitabas. Has aprendido a vivir con los efectos secundarios, a caminar junto a ellos sin que te definan. Levantarte cada mañana, aunque sea difícil, y salir a vivir tu día a día es la mayor prueba de fortaleza. Has aprendido que el camino sigue, y aunque a veces el cuerpo no responde como quisieras, siempre encuentras la manera de seguir avanzando.

14

Cada seis meses: el miedo y la esperanza

El cáncer no desaparece con el final de los tratamientos. Aunque los momentos más duros parecen haber quedado atrás, la sombra del miedo sigue ahí, apareciendo cada seis meses con las revisiones. Estas citas médicas, que para otros podrían ser una simple rutina, se convierten en una fuente de ansiedad constante. El miedo a una recaída es real, pero también lo es la esperanza de que cada visita sea un paso más hacia una vida libre de enfermedad.

Este capítulo trata sobre cómo esos seis meses parecen pasar volando y, antes de que te des cuenta, ya estás nuevamente en la sala de espera, con el corazón acelerado y el miedo latente. Aquí es donde el miedo a lo que podrían encontrar choca con el alivio de escuchar que todo sigue bien, y cómo ese ciclo se repite una y otra vez, incluso después de haber superado la fase más crítica.

Yo del pasado: Cada seis meses, la misma historia. Me despierto con el corazón acelerado, recordando que hoy tengo la revisión. A lo largo de los días, intento vivir con normalidad, pero en fondo, sé que se acerca el momento en que tendré que enfrentarme de nuevo al miedo. Las revisiones no solo son citas médicas, son pruebas de fuego para el alma.

Yo del presente: Las revisiones semestrales son como una montaña rusa emocional. Sabes que son necesarias, pero no puedes evitar que el miedo se apodere de ti cada vez que llega el momento. Es un miedo latente que nunca desaparece del todo, aunque trates de enfrentarlo con valentía.

Yo del pasado: Primero la mamografía, luego la ecografía, me tumbo en la camilla, el gel frío sobre mi mama. El médico desliza el ecógrafo una y otra vez sobre la misma zona, y no puedo evitar pensar: ¿estará viendo algo?, ¿habrán encontrado algo nuevo? Me quedo mirando la pantalla, buscando alguna señal, pero solo puedo esperar.

Yo del presente: Recuerdo ese sentimiento tan claramente... El sonido del ecógrafo, el silencio de la sala, el peso en el pecho... Cada movimiento del médico me parecía una señal. Pero lo que no sabía entonces es que aprendería a manejar ese miedo. Con el tiempo, entendí que esos momentos de silencio no siempre significan malas noticias y que, a veces, la espera es solo eso: una espera.

Yo del pasado: Sí, porque mientras espero los resultados, me aferro a la idea de que quizás esta vez saldrá todo bien, que no habrá malas noticias. Pero también está la otra voz en mi cabeza, esa que me recuerda que el cáncer siempre puede regresar. Esa sombra de la recaída nunca se va del todo, está siempre ahí, recordándome que, aunque luche con todas mis fuerzas, no tengo todas las respuestas.

Yo del presente: Esa es la realidad más dura de enfrentar. El miedo a la recaída no es solo un miedo puntual, es algo con lo que has aprendido a vivir cada día, porque, aunque el tratamiento aún no ha terminado, sabes que el cáncer podría volver incluso después de que finalice. Y eso es una incertidumbre con la que has aprendido a convivir, aunque no sea fácil.

Yo del pasado: Cada revisión es como revivir los peores momentos. Recuerdo las veces que recibí las malas noticias y me aterra que pueda volver a pasar, porque una cosa es luchar contra el cáncer una vez, pero el miedo a tener que enfrentarlo de nuevo es algo que a veces siento que no podría soportar.

Yo del presente: Es un miedo legítimo, pero lo importante es que, a pesar de todo, sigues adelante, no dejas que ese miedo te paralice, aunque sea un compañero constante. Y cada revisión que pasa sin malas noticias es una pequeña victoria, un recordatorio de que la esperanza aún está ahí, resistiendo.

Yo del pasado: Cuando salgo de las pruebas, el alivio no llega de inmediato, paso días esperando resultados, pero, al final, cuando los resultados son buenos, es como si pudiera respirar de nuevo, aunque sé que en seis meses tendré que pasar por todo esto otra vez.

Yo del presente: Aunque el ciclo del miedo y esperanza se repite, lo importante es que sigues. Aún no has terminado el tratamiento, pero ya has superado muchas pruebas, y aunque el miedo a la recaída está siempre ahí, también lo está la fuerza que has demostrado tener hasta ahora.

Y si alguna vez los resultados no son los que esperas, sé que lo enfrentarás, ya lo has hecho antes, y sobreviviste.

Yo del pasado: Es difícil imaginarme sintiendo libertad en medio de esas revisiones, pero lo intentaré. Intentaré recordar que cada seis meses, aunque el miedo esté ahí, también está la posibilidad de que todo siga bien y, si no es así, enfrentaré lo que venga, como lo he hecho hasta ahora.

15

La sombra de la recaída

A pesar de haber superado los tratamientos más duros y de recibir buenas noticias en cada revisión, la sombra de la recaída siempre está presente. Es como una sombra que, aunque pequeña, nunca desaparece del todo. El miedo a que el cáncer regrese es inevitable, y lo acompaña la incertidumbre sobre lo que podría suceder en el futuro. Sin embargo, con el tiempo, aprendí que no puedo dejar que ese miedo me paralice. Este capítulo habla sobre esa lucha interna, entre el miedo y la esperanza, y sobre cómo decidí que la incertidumbre no puede controlar mi vida.

Yo del pasado: El tratamiento está a punto de terminar, los peores días quedarán atrás, pero algo persiste. No es solo el dolor o los efectos secundarios, es el miedo. Ese miedo constante a que el cáncer pueda volver. Sé que mi tumor era hormonal, sé que fue de tipo lobulillar, y eso significa que la posibilidad de una recaída siempre estará ahí, como una sombra que me sigue allá donde voy.

Yo del presente: Ese miedo nunca desaparece del todo, puedes vivir con normalidad, puedes disfrutar de la vida, pero siempre hay momentos en los que esa sombra se asoma, es como una nube que aparece en un cielo despejado, recordándote que nada es seguro, que en cualquier momento puede volver a llover, pero lo que has aprendido, lo que sabemos ahora, es que ese miedo no tiene que gobernar tu vida. Está ahí, lo aceptas, pero no le dejas robarte el presente.

Yo del pasado: Es difícil no dejarse llevar por el miedo. A veces me siento vigilante, siempre pendiente de cualquier dolor, de cualquier cambio en mi cuerpo. ¿Es normal este cansancio? ¿Es normal este dolor en el pecho o el brazo? Cada sensación parece un recordatorio de que algo podría estar mal, pero ¿cómo se vive sin miedo después de haber pasado algo así?

Yo del presente: Lo entiendo. Cada pequeño síntoma se convierte en alarma, un motivo para preocuparte, como su cualquier señal fuera el preludio de algo peor. Pero ¿sabes qué? Con el tiempo, aprenderás a distinguir entre el miedo irracional y la realidad. Hay cosas que suceden en tu cuerpo que no tienen nada que ver con el cáncer y, aunque el miedo siempre estará ahí, no puedes permitir que cada sensación te haga vivir en constante alarma. Es difícil, pero se puede hacer.

Yo del pasado: A veces siento que me estoy engañando. Intento ser positiva, intento decirme a mí misma que el tratamiento funcionó, que estoy bien, pero entonces recuerdo que los tumores hormonales, como el mío, tienen una tendencia a regresar. Lo leí tantas veces que no puedo sacármelo de mi cabeza. ¿Cómo puedo estar segura de que el cáncer no volverá?

Yo del presente: Nunca podrás estar al 100 % segura, y esa es la verdad más dura de aceptar, pero tampoco puedes estar segura de que sí va a volver. Es un equilibrio extraño: vivir entre el miedo a la recaída y la esperanza de que no suceda. Lo que has aprendido es a vivir en ese espacio intermedio, sabiendo que cada día que pasa es una victoria y que, si alguna vez vuelve, lo enfrentarás de nuevo. El cáncer no puede quitarte tu capacidad de disfrutar del presente.

Yo del pasado: ¿Y si vuelve? A veces no puedo evitar pensar en eso. He escuchado tantas historias de mujeres a las que les vuelve después de años de haber terminado el tratamiento… Sé que no puedo vivir con este miedo constante, pero a veces es imposible no pensar en lo que podría suceder. Me pregunto si algún día dejaré de tener miedo.

Yo del presente: El miedo a la recaída nunca desaparecerá por completo, pero aprenderás a vivir con él. Lo que he descubierto es que la clave no está en evitar el miedo, sino en aceptarlo como parte de lo que significa haber sobrevivido al cáncer. A veces ese miedo será más fuerte, pero otras veces se desvanecerá y te permitirá disfrutar de la vida con una intensidad que antes no conocías. El miedo está ahí, pero no debe definirte. Lo que importa es cómo eliges seguir adelante a pesar de él.

Yo del pasado: Supongo que es como vivir con una sombra constante, pero a veces me pregunto si realmente puedo vivir plenamente con este miedo al acecho.

Yo del presente: Sí, puedes. Vivir con una sombra no significa que no puedas disfrutar de la luz. El miedo a la recaída es real, y está justificado, pero lo que también es real es tu fortaleza, tu capacidad de seguir adelante. Cada día que pasa sin cáncer es un triunfo y, aunque el miedo a la recaída siempre estará ahí, no tiene que dominar tu vida. Con el tiempo te darás cuenta de que puedes vivir plenamente, incluso con esa sombra al fondo. No es fácil, pero lo has hecho hasta ahora y lo seguirás haciendo.

Yo del pasado: Sigo teniendo miedo, pero voy a intentar no dejar que me paralice. Acepto que el miedo a la recaída siempre estará ahí, pero quiero vivir, quiero disfrutar de todo lo que he aprendido desde que empecé este proceso. Y si alguna vez vuelve el cáncer, lo enfrentaré de nuevo, pero, hasta entonces, quiero vivir con la esperanza de que no volverá.

Yo del presente: Y esa es la clave. Vivir con esperanza, no con miedo. No puedes controlar si el cáncer volverá o no, pero sí puedes controlar cómo eliges vivir tu vida ahora. Y eligiendo vivir con gratitud, con alegría y con la conciencia de que cada día es un regalo, ya estás ganando.

El miedo estará ahí, pero mientras sigas adelante, no tiene el poder de detenerte.

Yo: ¿Y si esta vez no es una buena noticia? ¿Y si ha vuelto? No sé si podré volver a pasar por todo esto otra vez.

Mente: No pienses eso ahora, no sabes lo que dirán los resultados, solo puedes esperar y, mientras lo haces, vive cada día. Recuerda todo lo que has superado hasta ahora.

Yo: Pero el miedo está siempre ahí, me sigue como una sombra. ¿Cómo puedo disfrutar la vida cuando cada seis meses vuelvo a este punto?

Mente: El miedo es parte del proceso, pero no tiene que controlarlo todo. Tienes que aprender a convivir con él sin dejar que te robe la alegría de los días buenos. La esperanza es más fuerte, porque sigues aquí, luchando y eso es lo que importa.

16

Cáncer, tú no defines mi vida

En este capítulo reflexiono sobre cómo el cáncer no me define. Aunque la enfermedad cambió muchas cosas en mi vida, decidí que no sería lo que me definiera como persona. Esta es una de las lecciones más profundas que aprendí durante mi experiencia.

Yo del presente: A día de hoy, sigo en tratamiento de pastillas, pero cada día estoy más cerca de la meta, solo me quedan unos meses para terminarlas, y con ello, recibir el alta definitiva. Me siento más fuerte y más feliz por haber llegado hasta aquí, aunque la lucha no haya terminado del todo. Aún me enfrento a los efectos secundarios: el dolor, el cansancio, los sofocos... Pero, a pesar de todo, siento que estoy venciendo. Y, aunque el miedo a que el cáncer pueda volver siempre estará presente, sé que, si regresa, estaré lista para plantarle cara de nuevo.

Yo del pasado: En los momentos más duros, escribí algo que sigue resonando en mí hasta hoy: «CÁNCER, YO TE TENGO A TI, PERO TÚ JAMÁS ME TENDRÁS A MÍ». Esas palabras se convirtieron en un símbolo, mi mantra. Siempre supe que, aunque el cáncer me había afectado físicamente, emocionalmente jamás me doblegaría. El cáncer no iba a definir quién soy. Yo lo enfrentaría y lo vencería. Y, ahora, al ver lo lejos que he llegado, sé que esas palabras me ayudaron a mantenerme firme cuando más lo necesitaba.

Yo del presente: A pesar de que el proceso todavía no ha terminado completamente, puedo decir que he recuperado algo que el cáncer jamás podrá quitarme: mi deseo de vivir. Vivo cada día con más intensidad, con más gratitud y con más conciencia de todo lo que tengo a mi alrededor. Mi familia, mis amigos, las pequeñas cosas…, todo tiene un nuevo valor. Y si el miedo a que el cáncer regrese vuelve a asomar alguna vez, lo miro de frente y le digo: «Si vuelves, aquí estaré de nuevo, lista para luchar contra ti una vez más».

Cáncer: Te veo, aún tienes miedo, ¿verdad? No soy solo una enfermedad, soy una sombra que te sigue. Me llevaste a quirófano, me enfrentaste con pastillas y radioterapia, pero sigo aquí. Cada vez que te miras al espejo, cada cicatriz es un recordatorio de que estuve contigo. ¿Cómo puedes decir que me has vencido si siempre piensas en mí?

Yo: Es cierto, cada cicatriz me habla de ti, pero esas marcas en mi cuerpo son también mi historia, una historia de resistencia, no de derrota. Tú viniste para destruirme, pero subestimaste algo, subestimaste mi capacidad de elegir cómo vivir contigo y más allá de ti.

Cáncer: Te dejé cicatrices invisibles, esas no las puedes sanar tan fácilmente. Cada vez que te duele un músculo, cuando te despiertas agotada, cada pastilla que tomas... Todo es por mí. No puedes escapar de lo que te hice.

Yo: No, pero he aprendido a convivir con lo que me dejaste. Esos dolores, ese cansancio, no son señales de derrota, son señales de que sigo viva. Tú no me controlas, no controlas mis sueños, mis ganas de seguir adelante, ni mis relaciones. Has intentado robarme la paz, pero he ganado algo más importante: una conciencia más clara de la vida. Cada día es más precioso porque sé lo que estuve a punto de perder.

Cáncer: ¿Te aferras a esos momentos de paz? Sabes que siempre estaré ahí, en las sombras. Cada revisión te devuelve a mí, cada pequeño síntoma te hace pensar en mí, no puedes ignorarme.

Yo: No te ignoro. No puedo, pero he aprendido a no dejar que seas el centro de mi vida. Apareces en mis pensamientos, en mis miedos, pero ya no tienes el poder que crees tener. Cada seis meses, me enfrento a ti de nuevo, pero cada vez que salgo de esas revisiones, me recuerdo a mí misma que no soy solo una paciente, soy una persona, una mujer, una esposa, una hermana, una amiga, y tú, aunque estés en las sombras, no me defines.

Cáncer: Lo veremos. Siempre tendrás que lidiar con lo que dejé en ti. Los miedos, los efectos secundarios, el temor a que vuelva. Me convertí en parte de ti, de tu cuerpo y de tu mente. No puedes deshacerte de mí por completo.

Yo: No necesito deshacerme de ti, lo que importa es que ya no me controlas, no me paralizas. En lugar de hacerme más débil, me diste una claridad que nunca tuve. Aprendí que la vida es demasiado corta para perderla en cosas insignificantes, aprendí a amar más, a perdonar más, a vivir con más intensidad, a decir «te quiero» sin que me tiemble la voz. Así que, aunque estés ahí, te veo diferente. Ya no eres mi enemigo, solo eres una sombra que me recuerda lo lejos que he llegado.

Cáncer: ¿Y qué harás cuando vuelva?

Yo: Si vuelves, te enfrentaré de nuevo. Pero hasta entonces, no viviré bajo tu sombra. Viviré para mí, para los que amo, para las pequeñas alegrías que me recuerdan que estoy aquí, viva. Y si vuelves, sabré que puedo vencerte otra vez, porque lo que me diste, sin querer, fue la certeza de que soy más fuerte de lo que imaginé.

Cáncer: No puedes escapar de mí.

Yo: No quiero escaparme, solo quiero vivir. Y eso es lo que estoy haciendo, día a día, respiro, camino, amo y sigo adelante. Tú, cáncer, no eres el final de mi historia.

17

Carta a mi yo del futuro: el miedo no tendrá la última palabra

Querida yo del futuro:

Si estás leyendo esto, significa que has llegado más lejos de lo que un día imaginaste. Recuerda todo lo que has vivido, todo lo que has superado. Hubo momentos en los que el miedo fue tan grande que pensaste que no podrías continuar, que el dolor y la incertidumbre te superarían y, sin embargo, aquí estás.

Quiero que nunca olvides lo que aprendimos durante este proceso. Aprendiste a vivir con miedo, pero también a no dejar que te definiera. Aprendiste que la vida no se mide por los grandes momentos, sino por los pequeños instantes que parecen insignificantes pero que, en realidad, son los que nos sostienen. Las risas de las personas que amas, una taza de café en una mañana tranquila, los abrazos que recibiste en los días más oscuros.

Sé que aún llevas dentro de ti el miedo a que el cáncer regrese, ese miedo no desaparece por completo, lo sé. Pero recuerda también que ya has enfrentado lo peor y has salido fortalecida. No importa lo que el futuro te depare, porque has demostrado que eres más fuerte de lo que jamás imaginaste. Has aprendido a convivir con la incertidumbre, pero también has aprendido a no dejar que esa incertidumbre robe tu paz y tu alegría.

Si estás leyendo esto, significa que sigues aquí. Y cada día que pasa es una victoria, una prueba de tu capacidad de resistencia, de tu capacidad para seguir adelante incluso cuando parecía imposible. Así que no olvides todo lo que has conseguido. No olvides las veces que caíste y te levantaste, las veces que el miedo te paralizó, pero aun así diste un paso hacia adelante.

La vida te ha dado muchas lecciones, algunas duras, otras dulces, pero lo más importante es que has aprendido a valorar cada segundo. A apreciar lo que realmente importa. Aquellas pequeñas cosas que antes pasaban desapercibidas son ahora tus mayores tesoros.

El miedo seguirá siendo una sombra, pero no tendrá la última palabra. Porque has decidido que la esperanza, el amor y la gratitud por estar viva siempre prevalecerán.

Con amor y gratitud.

Tu yo del pasado.

18

Carta a todas las mujeres: no estás sola

Querida amiga:

Hoy quiero dirigirme a ti, que quizás estés pasando por momentos de incertidumbre, de miedo, o simplemente quieras cuidar mejor de tu salud. Quiero que sepas que no estás sola. Cada una de nosotras, en diferentes momentos de nuestras vidas, hemos sentido ese miedo profundo, esa sensación de vulnerabilidad ante lo desconocido, pero también hemos aprendido que, a pesar del miedo, somos fuertes, más fuertes de lo que imaginamos.

He estado en tu lugar, sé lo que es esperar respuestas, enfrentarse a diagnósticos, o simplemente vivir con la sombra de la duda. Y, aunque el miedo puede parecer tan grande que lo ocupa todo, quiero que recuerdes algo muy importante: no estás sola en este camino. Hay muchas mujeres que, como tú y como yo, han recorrido este sendero, y juntas somos más fuertes.

Quiero aprovechar esta carta para hablarte de algo crucial: la importancia de las revisiones y de conocer tu propio cuerpo. A veces, en medio de nuestras vidas ocupadas, olvidamos cuidar de nosotras mismas. Posponemos las revisiones médicas o pasamos por alto la autoexploración. Pero estos pequeños gestos pueden marcar la diferencia. Son momentos que no deberíamos dejar pasar, porque la prevención puede salvar vidas.

La autoexploración no tiene que ser un momento de miedo, es una forma de estar en sintonía contigo misma, de conocer tu cuerpo y cuidar de ti. Y si alguna vez encuentras algo que no estaba allí antes, no lo ignores. Escucha a tu cuerpo, porque él también te cuida. Las revisiones médicas tampoco son solo una rutina más: son herramientas poderosas para detectar cualquier cambio antes de que sea demasiado tarde.

Sé que muchas veces evitamos pensar en estas cosas porque el miedo a encontrar algo nos paraliza. Pero, créeme, el control que ganamos al hacernos responsables de nuestra salud es mucho más fuerte que ese miedo. El diagnóstico temprano puede marcar toda la diferencia, y es un acto de amor hacia nosotras mismas.

Así que, hoy te pido: revisa tu cuerpo, palpa tus senos, hazte las revisiones que te tocan, porque tú eres importante, porque tu salud es lo primero.

Yo, afortunadamente, por mis circunstancias personales, logré dejar un trabajo para irme a otro, y me permití el lujo de emprender un viaje, un regalo que me devolvió la esperanza. Sin embargo, a menudo pienso en las muchas mujeres que no tienen esa oportunidad. Algunas se ven atrapadas por las limitaciones económicas, mientras otras, en la lucha más dura, no logran sobrevivir. Sus historias son un recordatorio constante de la fragilidad de la vida y de la desigualdad que persiste en nuestra sociedad. Estoy con todas vosotras, recordando que cada voz y cada historia cuentan y merecen ser escuchadas.

Estés donde estés, recuerda que hay una red de mujeres que te apoya, que te comprende, y que está aquí para caminar contigo.

No estamos solas. Nos cuidamos, nos apoyamos, y juntas podemos enfrentar lo que venga, con valentía, con cuidado, y, sobre todo, con amor hacia ti misma.

Con todo mi cariño y fuerza.

Una mujer que también está contigo.

Epílogo: No me llames guerrera; no luché, sobreviví

Después de todo lo vivido, aprendí que el cáncer no es una batalla que elegimos. Nos somos guerreras, sino supervivientes. La noción de «guerrera» implica una lucha constante y una batalla que debe ganarse, lo cual puede cargar a las pacientes con expectativas poco realistas. En cambio, ser supervivientes significa haber enfrentado una experiencia profundamente desafiante, pero no necesariamente como combatientes. Reconocemos nuestra vulnerabilidad, nuestras emociones y la realidad de la enfermedad. Ser supervivientes nos permite abrazar la vida con gratitud, aceptar el apoyo y reconocer que cada una de nosotras tiene su propio camino, sin la presión de ser fuertes todo el tiempo.

Sobrevivimos, resistimos y seguimos adelante. Esta carta expresa lo que significa para mí y para tantas mujeres ser llamadas «supervivientes».

Muchas veces, durante mi lucha contra el cáncer me llamaron «guerrera», me decían que era fuerte, que estaba librando una batalla, que era una heroína, pero la verdad es que nunca me sentí una guerrera. No elegí esta batalla, no luché porque quise, luché porque no había otra opción.

No soy una guerrera, soy una superviviente.

Cada mujer que enfrenta el cáncer, que pasa por los tratamientos, que vive con el miedo constante de una recaída, no lo hace por elección. Lo hace porque quiere vivir, porque quiere superar esta enfermedad, porque quiere seguir disfrutando de la vida, del amor, de todo lo que nos rodea.

No se trata de ser valiente o fuerte, se trata de resistir, de seguir adelante, a pesar del miedo, a pesar del dolor. No necesitamos ser guerreras, no necesitamos demostrar nada. Lo único que necesitamos es sobrevivir y lo hacemos, día a día, con cada paso, con cada sesión de tratamiento, con cada revisión.

A todas las mujeres que están pasando por el cáncer de mama, quiero decirles algo que quizás ya saben en lo más profundo de sus corazones, pero que a veces es fácil olvidar: vosotras sois mucho más que este momento de dolor, sois mucho más que el miedo que sentís, más que el cansancio que os agota, más que las cicatrices que el cáncer pueda dejar en vuestros cuerpos. Cada día que despertáis y seguís adelante, estáis demostrando una fortaleza que no se mide en la ausencia de lágrimas, sino en la simple decisión de levantarse y continuar. No importa cuántos días oscuros vengan, recordad que cada amanecer es una nueva oportunidad de luchar, de amar, de vivir.

La vida después de un diagnóstico de cáncer de mama no es la vida que imaginamos, lo sé, pero también sé que es una vida que sigue, y dentro de esa vida, hay belleza, hay momentos de risas, de abrazos, de pequeñas victorias. Cada paso que das es un paso hacia adelante, aunque a veces sientas que el camino es largo y cuesta arriba. Y quiero que sepas que no estás sola, en cada rincón del mundo, hay mujeres como tú, luchando, esperando y creyendo que hay una luz al final de todo esto.

A las mujeres que, con todo su coraje y lucha, no sobrevivieron, las llevo en mi corazón con una profunda admiración. Ellas no son definidas por la enfermedad, sino por la valentía con la que vivieron, por el amor que dejaron en sus familias, en sus amigos, en cada rincón donde su vida tocó a alguien. Son ejemplos eternos de resistencia, de lucha y de dignidad. Nunca serán olvidadas, y cada una de ellas dejó una marca indeleble en este mundo.

Por ellas, por todas nosotras, seguimos adelante. La vida después del cáncer no es una vuelta atrás, es un paso adelante, es un renacer. No estamos obligadas a ser guerreras, solo somos mujeres que quieren vivir, que quieren disfrutar, que quieren sentir el sol en la piel y reír a carcajadas sin pensar en el mañana. Y aunque el miedo a veces asome, lo miramos a los ojos y le decimos: «Aquí estoy, y aquí seguiré». Porque la vida, incluso después de las cicatrices, sigue siendo hermosa.

La vida es un regalo y, después del cáncer, ese regalo tiene un valor aún más inmenso. Ámala, vívela, celébrala, y cuando mires atrás, verás no solo el dolor, sino también la increíble fuerza que te trajo hasta aquí y, sabrás que, a pesar de todo, lo lograste.

Agradecimientos

Este libro no hubiese sido posible sin el apoyo incondicional de muchas personas que, en los momentos más difíciles, me brindaron luz y esperanza. A cada una de ellas les debo más de lo que las palabras puedan expresar y esta es mi forma de agradecerles.

A mi marido, mi compañero de vida. Has estado a mi lado en cada paso, en cada tratamiento, en cada momento de incertidumbre. Tu paciencia, tu amor y tu disposición para enfrentar esta batalla conmigo me dieron la fuerza que necesitaba para seguir adelante. Has sido mi roca, y no tengo suficientes palabras para agradecerte todo lo que has hecho por mí.

A mi familia, mis pilares. A mis padres, que desde el primer momento dejaron todo para estar a mi lado. Su presencia, su amor y su consuelo me sostuvieron cuando sentía que todo se desmoronaba. A mis hermanos, Toni y Cristian, por su amor incondicional y su fuerza. Toni, me repetías constantemente que lo estaba llevando con entereza, pero la verdad es que tu apoyo fue lo que me dio esa entereza que tú veías en mí. Cristian, gracias por estar siempre ahí, disimulando el miedo, pero dándome la tranquilidad que tanto necesitaba.

A mis amigos, que me llenaron de amor cuando más los necesitaba. Solo nombraré a algunos porque sería imposible mencionarlos a todos. A Lola, Trinidad, Keta, Manzi, Mati, Migue y María, Vanesa y Antonio, Pilar, Marina, Fabiola, Mónica y Manolo, Rodrigo y Rafi, Rafa (chiquilín) María José, Estela, Elena, Inma, Loli, Teresa González, Rafa Castejón, Antonio mi zapatero, José Tomás, Alejandro… Y tantos otros que hicieron lo imposible por demostrarme que no estaba sola.

Los ramos de flores, las visitas, los mensajes… Todo eso fue un recordatorio de que el amor y la amistad son un refugio en los momentos más difíciles. No puedo mencionar a cada uno de ustedes, pero sepan que su apoyo fue invaluable.

A mis tíos, en especial a mi tía Carmen, que más que una tía es mi hermana, por todo vuestro cariño y apoyo. Gracias por mostrarme que la familia es ese refugio inquebrantable al que siempre puedo volver. Y a mis primos, todos, gracias por estar presentes en todo momento, por hacerme sentir rodeada de amor y por recordarme que no estoy sola.

A Juan y Sofía, gracias por abrirme las puertas de vuestra casa, por darme la oportunidad y, sobre todo, por tratarme como a una persona, más allá de cualquier circunstancia. Agradezco profundamente vuestra confianza, y el hecho de que, en este trabajo, he encontrado un espacio donde me siento valorada y cuidada. Vuestra empatía y generosidad han marcado una gran diferencia en mi vida, y siempre os estaré agradecida por ello.

A mis compañeros de trabajo, gracias por estar ahí, día tras día, por vuestra paciencia y por aguantarme en los momentos más difíciles. Sabéis mejor que nadie que no siempre es fácil, pero vuestro apoyo, comprensión y sentido del humor han sido un refugio para mí. Vuestra compañía ha hecho que cada día sea más llevadero, y nunca podré agradeceros lo suficiente por todo lo que habéis hecho.

A mi suegra, gracias por tu cariño y por quererme en la manera que lo haces A mi cuñada María José, por estar siempre cerca a pesar de la distancia, con palabras de aliento que marcaron la diferencia. Sois un regalo de amor que siempre llevaré conmigo.

A Cristina, gracias por ser mucho más que una amiga en este proceso. Fuiste mi apoyo en los momentos más duros, no solo por tu cariño incondicional, sino también por tu experiencia como radióloga. Tu cercanía y tu empatía me dieron paz en cada paso del camino. Estuviste allí desde el principio, guiándome con tu conocimiento médico, pero, sobre todo, con el amor y la confianza de una amiga verdadera. Gracias por sostenerme cuando más lo necesitaba, por explicarme lo que no entendía y por estar siempre a mi lado, asegurándome que no estaba sola en este proceso. Sin ti, este camino habría sido mucho más difícil.

A mis médicos, y en especial a mi oncóloga María Jesús, gracias por guiarme con paciencia y profesionalidad a lo largo de todo este proceso. Gracias por tu empatía, por explicarme cada paso del camino y por darme la esperanza que tanto necesitaba.

Y a todas las mujeres que han pasado, están pasando o pasarán por este camino. Este libro es para vosotras, que sepáis que la fuerza que lleváis dentro es inmensa, y que hay vida, mucha vida, después del cáncer.

A todos vosotros, gracias. Vuestro apoyo, amor y presencia fueron mi fuerza cuando pensé que no podía seguir adelante. Este libro es, en muchos sentidos, tanto mío como vuestro.

Índice